ESO 1

Kairós

Religión Católica

Lluís Fabregat

Pedro de la Herrán

Jesús Martínez García

Coordinador:

Pedro de la Herrán

Casals

Libro aprobado por la Comisión Episcopal de Enseñanza y Catequesis el 12 de marzo de 2004.

Coordinador del proyecto: Pedro de la Herrán
Autores: Pedro de la Herrán, Lluís Fabregat y Jesús Martínez García
Colaborador: Eulalio Fiestas

Coordinación editorial: Mariano Sáez y Guillermo Mirecki
Dibujos: Pau Basolí, Mercè Canals, Pencil y Miguel Quesada
Fotografías: Age-Fotostock, Aisa, Corbis, Cordonpress, Dolmen, Firofoto, Index y Prisma
Mapas: ICA Mapas, Montserrat Gual y Jordi Magrià
Diseño de cubierta: Bassa & Trias
Diseño de interior y maquetación: Marina Vilageliu y Fermín Jerez

Caspe 79 - 08013 Barcelona
Tel.: 93 244 95 50 Fax: 93 265 68 95
http://www.editorialcasals.com casals@editorialcasals.com

Quinta edición: mayo 2010
ISBN: 978-84-218-3185-4
Depósito legal: B-16.673-2010
Imprime: Índice, S.L., Fluvià, 81, Barcelona
Printed in Spain

ÍNDICE

1. El hecho religioso: sus primeras manifestaciones 8

2. Dios sale al encuentro del hombre: la Biblia 22

3. Dios Creador y Padre 34

4. La Humanidad se aparta de Dios 48

5. Dios anuncia al Salvador 60

6. Dios se hace hombre 72

7. La vida pública de Jesús 84

8. Muerte y Resurrección de Jesucristo 98

9. El Reino de Dios y el seguimiento de Jesucristo 110

10. La vida como proyecto personal 122

11. La sexualidad humana 136

12. El matrimonio y la familia 148

Estructura de las unidades didácticas

Cada unidad se estructura en seis partes:

- Una doble página de presentación de la unidad.
- Tres o cuatro dobles páginas para la exposición de cada lección.
- El esquema y el resumen de la unidad.
- Las actividades de evaluación y de refuerzo.
- Una página para ampliar los conocimientos adquiridos.
- Una actividad práctica relacionada con el tema desarrollado.

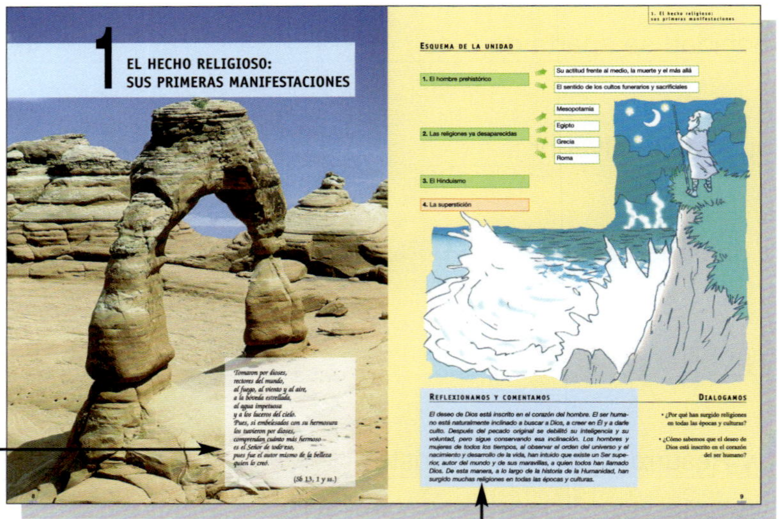

La primera página incluye una cita bíblica y una fotografía que ilustra el tema.

En la segunda página encontrarás un esquema con los contenidos teóricos que se desarrollan en la unidad didáctica. Además, imágenes, textos y preguntas permitirán la actualización de tus conocimientos previos.

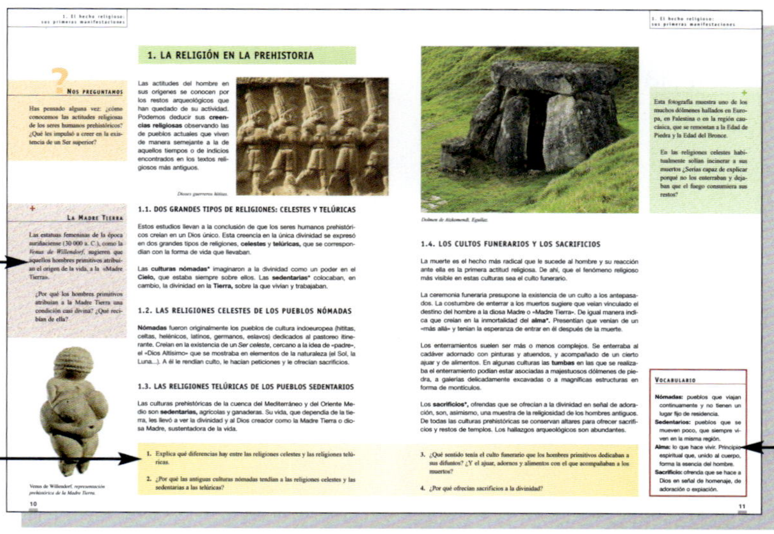

Los textos del margen amplían los contenidos expuestos en la columna central.

Actividades para asimilar los contenidos desarrollados.

El vocabulario te facilitará la comprensión del texto.

Actividades para que evalúes y refuerces los conocimientos adquiridos.

El esquema conceptual te ayudará a relacionar los conceptos de la unidad.

El resumen te facilitará la necesaria síntesis de los conceptos estudiados y también a memorizarlos.

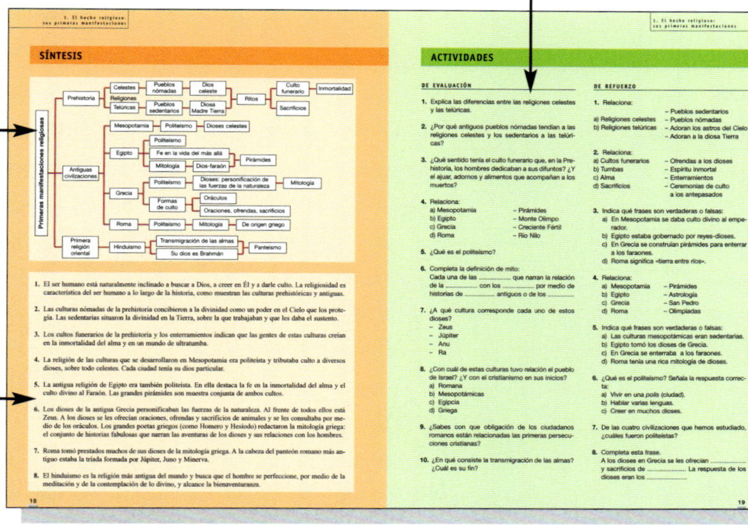

Página especialmente pensada para los que deseen ampliar los contenidos.

En la última página aparece una actividad en la que podrás, de manera lúdica, poner en práctica los conocimientos adquiridos en la unidad didáctica.

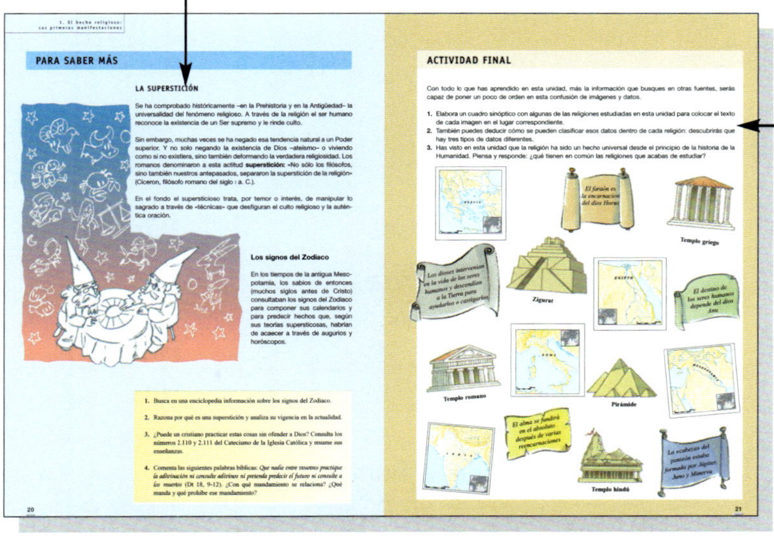

Abreviaturas utilizadas

ANTIGUO TESTAMENTO

Génesis	Gn
Éxodo	Ex
Levítico	Lv
Números	Nm
Deuteronomio	Dt
Josué	Jos
Jueces	Jc
Rut	Rt
Samuel	1 S, 2 S
Reyes	1 R, 2 R
Crónicas	1 Cro, 2 Cro
Esdras	Es
Nehemías	Ne
Tobías	Tb
Judit	Jdt
Ester	Est
Macabeos	1 M, 2 M
Job	Jb
Salmos	Sal
Proverbios	Pr
Eclesiastés (Qohélet)	Ecl, Qo
Cantar de los Cantares	Ct
Sabiduría	Sb
Eclesiástico (Sirácida)	Eclo, Si
Isaías	Is
Jeremías	Jr
Lamentaciones	Lm
Baruc	Ba
Ezequiel	Ez
Daniel	Dn
Oseas	Os
Joel	Jl
Amós	Am
Abdías	Ab
Jonás	Jon
Miqueas	Mi
Nahúm	Na
Habacuc	Ha
Sofonías	So
Ageo	Ag
Zacarías	Za
Malaquías	Ml, Mal

NUEVO TESTAMENTO

Mateo	Mt
Marcos	Mc
Lucas	Lc
Juan	Jn
Hechos de los Apóstoles	Hc
Romanos	Rm
Corintios	1 Cor, 2 Cor
Gálatas	Ga
Efesios	Ef
Filipenses	Flp
Colosenses	Col
Tesalonicenses	1 Tes, 2 Tes
Timoteo	1 Tim, 2 Tim
Tito	Tt
Filemón	Flm
Hebreos	Hb
Epístola de Santiago	St
Epístolas de Pedro	1 P, 2 P
Epístolas de Juan	1 Jn, 2 Jn, 3 Jn
Epístola de Judas	Jds
Apocalipsis	Ap

DOCUMENTOS DE LA IGLESIA

Catecismo de la Iglesia Católica	CIC
Dei Verbum, constitución apostólica	DV
Gaudium et Spes, constitución apostólica	GS
Humanae Vitae, constitución apostólica	HV
Lumen Gentium, constitución apostólica	LG
Nostra Aetate, constitución apostólica	NA
Veritatis splendor, encíclica de Juan Pablo II	VS

OTRAS ABREVIATURAS

n.º	número
n.ºs	números
p.	página
pp.	páginas
ss.	siguientes

1 EL HECHO RELIGIOSO: SUS PRIMERAS MANIFESTACIONES

Tomaron por dioses,
rectores del mundo,
al fuego, al viento y al aire,
a la bóveda estrellada,
al agua impetuosa
y a los luceros del cielo.
Pues, si embelesados con su hermosura
los tuvieron por dioses,
comprendan cuánto más hermoso
es el Señor de todo eso,
pues fue el autor mismo de la belleza
quien lo creó.

(*Sb* 13, 1 y ss.)

ESQUEMA DE LA UNIDAD

1. El hombre prehistórico
- Su actitud frente al medio, la muerte y el más allá
- El sentido de los cultos funerarios y sacrificiales

2. Las religiones ya desaparecidas
- Mesopotamia
- Egipto
- Grecia
- Roma

3. El Hinduismo

4. La superstición

REFLEXIONAMOS Y COMENTAMOS

El deseo de Dios está inscrito en el corazón del hombre. El ser humano está naturalmente inclinado a buscar a Dios, a creer en Él y a darle culto. Después del pecado original se debilitó su inteligencia y su voluntad, pero sigue conservando esa inclinación. Los hombres y mujeres de todos los tiempos, al observar el orden del universo y el nacimiento y desarrollo de la vida, han intuido que existe un Ser superior, autor del mundo y de sus maravillas, a quien todos han llamado Dios. De esta manera, a lo largo de la historia de la Humanidad, han surgido muchas religiones en todas las épocas y culturas.

DIALOGAMOS

- ¿Por qué han surgido religiones en todas las épocas y culturas?
- ¿Cómo sabemos que el deseo de Dios está inscrito en el corazón del ser humano?

1. LA RELIGIÓN EN LA PREHISTORIA

NOS PREGUNTAMOS

Has pensado alguna vez: ¿cómo conocemos las actitudes religiosas de los seres humanos prehistóricos? ¿Qué les impulsó a creer en la existencia de un Ser superior?

Las actitudes del hombre en sus orígenes se conocen por los restos arqueológicos que han quedado de su actividad. Podemos deducir sus **creencias religiosas** observando las de pueblos actuales que viven de manera semejante a la de aquellos tiempos o de indicios encontrados en los textos religiosos más antiguos.

Dioses guerreros hititas.

LA MADRE TIERRA

Las estatuas femeninas de la época auriñaciense (30 000 a. C.), como la *Venus de Willendorf*, sugieren que aquellos hombres primitivos atribuían el origen de la vida, a la «Madre Tierra».

➡ ¿Por qué los hombres primitivos atribuían a la Madre Tierra una condición casi divina? ¿Qué recibían de ella?

1.1. DOS GRANDES TIPOS DE RELIGIONES: CELESTES Y TELÚRICAS

Estos estudios llevan a la conclusión de que los seres humanos prehistóricos creían en un Dios único. Esta creencia en la única divinidad se expresó en dos grandes tipos de religiones, **celestes** y **telúricas,** que se correspondían con la forma de vida que llevaban.

Las **culturas nómadas*** imaginaron a la divinidad como un poder en el **Cielo,** que estaba siempre sobre ellos. Las **sedentarias*** colocaban, en cambio, la divinidad en la **Tierra,** sobre la que vivían y trabajaban.

1.2. LAS RELIGIONES CELESTES DE LOS PUEBLOS NÓMADAS

Nómadas fueron originalmente los pueblos de cultura indoeuropea (hititas, celtas, helénicos, latinos, germanos, eslavos) dedicados al pastoreo itinerante. Creían en la existencia de un *Ser celeste*, cercano a la idea de «padre», el «Dios Altísimo» que se mostraba en elementos de la naturaleza (el Sol, la Luna...). A él le rendían culto, le hacían peticiones y le ofrecían sacrificios.

1.3. LAS RELIGIONES TELÚRICAS DE LOS PUEBLOS SEDENTARIOS

Las culturas prehistóricas de la cuenca del Mediterráneo y del Oriente Medio son **sedentarias,** agrícolas y ganaderas. Su vida, que dependía de la tierra, les llevó a ver la divinidad y al Dios creador como la Madre Tierra o diosa Madre, sustentadora de la vida.

Venus de Willendorf, *representación prehistórica de la Madre Tierra.*

1. Explica qué diferencias hay entre las religiones celestes y las religiones telúricas.
2. ¿Por qué las antiguas culturas nómadas tendían a las religiones celestes y las sedentarias a las telúricas?

Dolmen de Aizkomendi, Eguilaz.

Esta fotografía muestra uno de los muchos dólmenes hallados en Europa, en Palestina o en la región caucásica, que se remontan a la Edad de Piedra y la Edad del Bronce.

➡ En las religiones celestes habitualmente solían incinerar a sus muertos ¿Serías capaz de explicar porqué no los enterraban y dejaban que el fuego consumiera sus restos?

1.4. LOS CULTOS FUNERARIOS Y LOS SACRIFICIOS

La muerte es el hecho más radical que le sucede al hombre y su reacción ante ella es la primera actitud religiosa. De ahí, que el fenómeno religioso más visible en estas culturas sea el culto funerario.

La ceremonia funeraria presupone la existencia de un culto a los antepasados. La costumbre de enterrar a los muertos sugiere que veían vinculado el destino del hombre a la diosa Madre o «Madre Tierra». De igual manera indica que creían en la inmortalidad del **alma*.** Presentían que venían de un «más allá» y tenían la esperanza de entrar en él después de la muerte.

Los enterramientos suelen ser más o menos complejos. Se enterraba al cadáver adornado con pinturas y atuendos, y acompañado de un cierto ajuar y de alimentos. En algunas culturas las **tumbas** en las que se realizaba el enterramiento podían estar asociadas a majestuosos dólmenes de piedra, a galerías delicadamente excavadas o a magníficas estructuras en forma de montículos.

Los **sacrificios*,** ofrendas que se ofrecían a la divinidad en señal de adoración, son, asimismo, una muestra de la religiosidad de los hombres antiguos. De todas las culturas prehistóricas se conservan altares para ofrecer sacrificios y restos de templos. Los hallazgos arqueológicos son abundantes.

3. ¿Qué sentido tenía el culto funerario que los hombres primitivos dedicaban a sus difuntos? ¿Y el ajuar, adornos y alimentos con el que acompañaban a los muertos?

4. ¿Por qué ofrecían sacrificios a la divinidad?

VOCABULARIO

Nómadas: pueblos que viajan continuamente y no tienen un lugar fijo de residencia.
Sedentarios: pueblos que se mueven poco, que siempre viven en la misma región.
Alma: lo que hace vivir. Principio espiritual que, unido al cuerpo, forma la esencia del hombre.
Sacrificio: ofrenda que se hace a Dios en señal de homenaje, de adoración o expiación.

2. LAS RELIGIONES YA DESAPARECIDAS

? NOS PREGUNTAMOS

¿Sabes en dónde estaba la antigua Mesopotamia? ¿Qué países se encuentran actualmente en esos territorios?

Diferentes religiones, hace ya muchos siglos, tuvieron un extraordinario auge en la antigua Mesopotamia, en Egipto, en Grecia y en Roma. Todas ellas se caracterizaron por la práctica del **politeísmo*** y por desarrollar su contenido a través de **relatos míticos.** Estos relatos narraban la vida de los dioses y su relación con los hombres y se materializaban en la práctica de unas determinadas ceremonias o **ritos.**

2.1. MESOPOTAMIA

La antigua Mesopotamia se extendía por la parte oriental del Creciente Fértil. En esta extensa región del mundo el ser humano se organizó en sociedad para explotar la tierra con la agricultura y la ganadería, y comenzaron, muchos siglos antes de Cristo, civilizaciones muy evolucionadas, que conocieron la escritura, las ciudades, la división del trabajo y la autoridad social bien jerarquizada. Hablamos de los reinos e imperios de los sumerios, acadios, asirios y babilonios.

Las religiones mesopotámicas tuvieron mucho que ver con el universo que las rodeaba, especialmente los aspectos celestes. Para los sumerios –el primer pueblo que destacó en estas tierras– el dios principal era **Anu,** el **cielo** astral, responsable del destino. También los astros más importantes eran considerados dioses.

Además, las culturas mesopotámicas estaban organizadas en ciudades-estado. Así, cada ciudad tenía su dios particular. Cuando una ciudad predominaba sobre las otras, su dios extendía su influencia.

Las culturas nacidas en Mesopotamia perduraron hasta el siglo IV d. C., fecha en la que fueron desapareciendo por la expansión de la cultura griega.

+ LITERATURA MESOPOTÁMICA

La literatura mesopotámica se remonta a unos 2 000 años a. C. Los relatos más antiguos son de carácter mitológico. Algunos de estos relatos narran el origen del mundo:

«Cuando ninguno de los dioses había sido traído a la existencia, ni habían sido designados por sus nombres, ni habían sido fijados sus destinos, entonces fueron creados los dioses en su seno (del caos o abismo primordial).»

«Cuando la oveja no existía ni había nacido el cordero... Y la cabra no había parido sus cabritillos... Entonces, el hombre fue traído a la existencia.»

La diferencia fundamental entre estos relatos y el relato bíblico de la Creación, radica en que solo este nos habla de un Dios único y trascendente, creador del Universo.

➡ Leyendo esos textos mesopotámicos, ¿qué diferencias encuentras con el relato que la Biblia hace de la Creación? ¿Cuál es la diferencia esencial?

5. Fíjate en el mapa de la antigua Mesopotamia: ¿sabes qué países hay actualmente en esa zona del mundo?

6. ¿Sabrías explicar por qué son importantes las culturas mesopotámicas? Destaca al menos tres cosas.

7. ¿Cuándo y por qué cultura fueron absorbidas las religiones de la antigua Mesopotamia?

2.2. EGIPTO

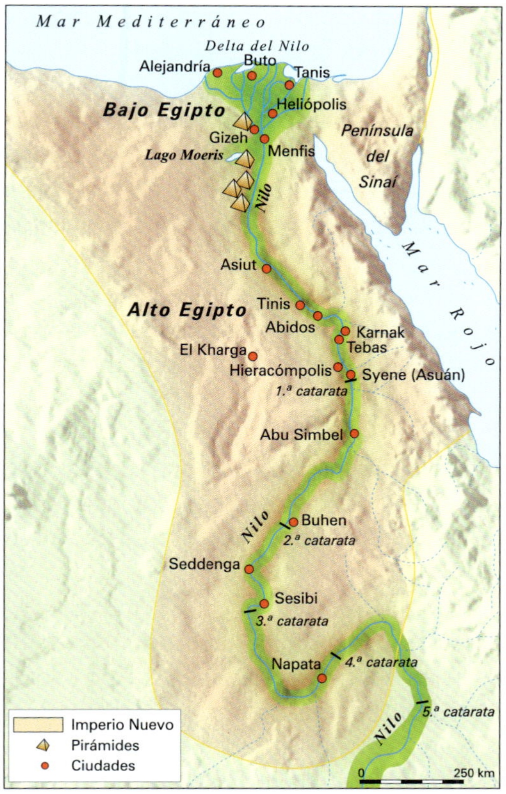

Una de las características más propias del antiguo Egipto, y su más importante signo de identidad, fue su profunda religiosidad basada en dos grandes pilares: la creencia en el poder benefactor de los dioses en la vida cotidiana y la **fe en la vida del más allá.**

Los antiguos egipcios fueron también **politeístas:** creían en muchos dioses y diosas –personificaciones de las fuerzas de la naturaleza– a los que adoraban en los templos. Estos dioses se representaban muchas veces con figura humana y otras con cabeza de animal: por ejemplo, a **Ra** –el sol, su dios supremo, padre de los dioses y creador del mundo– con cuerpo de hombre y cabeza de halcón.

Original es la concepción egipcia de una monarquía con su dios-rey, el **faraón*,** que tiene en el **mito*** de Osiris, su fundamento y su sentido de la inmortalidad. **Osiris,** primer rey mítico de Egipto, fue asesinado por su malvado hermano **Seth.** Su mujer, **Isis,** por medio de artes mágicas le devolvió el soplo de la vida y así pudo tener con él a su hijo **Horus.** Este acabó vengando la muerte de su padre matando a Seth y ascendiendo al trono de Egipto.

Desde entonces es el mismo dios, Horus, quien gobierna encarnado en los distintos reyes que se van sucediendo.

La creencia en este mito condujo al enterramiento fastuoso de los faraones, cuyas muestras más famosas son las **pirámides*** de Gizé.

La cultura del antiguo Egipto llegó hasta el siglo IV a. C., fecha en la que comenzó a sucumbir ante el Imperio griego de Alejandro Magno y, más tarde, de modo casi definitivo, ante el Imperio romano.

8. ¿Qué importancia concedía la cultura del antiguo Egipto a la inmortalidad del alma?

9. ¿Qué representaba la figura del faraón?

10. ¿Recuerdas qué pueblo fue esclavo de los faraones y quién liberó a ese pueblo?

LAS PIRÁMIDES DE GIZÉ

Las tres pirámides de Gizé elevan su perfección geométrica en el desierto como un homenaje a la fe egipcia en la inmortalidad del hombre.

➡ Establece algunas distinciones entre la creencia de los egipcios en la inmortalidad y las enseñanzas de la Revelación cristiana.

Pirámide de Micerinos con las pirámides de las reinas, Gizéh, Egipto.

VOCABULARIO

Politeísmo: creencia en muchos dioses diferentes.

Mito: cada una de las leyendas que narran la relación de la divinidad con los hombres por medio de historias de héroes antiguos o de los dioses.

Faraón: título de los antiguos reyes de Egipto.

Pirámides: monumentos que estaban dedicados para tumba de los faraones y están relacionados con el culto al dios Ra.

2.3. GRECIA

La religión de la antigua Grecia no tenía una doctrina común. Del culto oficial se encargaban funcionarios designados por la *polis* o ciudad.

Los griegos, organizados en ciudades independientes, también fueron politeístas. Sus dioses personificaban las fuerzas de la **naturaleza*.** Así podían encontrar explicación a todo lo que les sucedía. Fueron poetas como Homero o Hesíodo, a mediados del siglo IX a. C., quienes dieron forma a la **mitología** griega.

Los dioses se parecen a los hombres en que tienen forma humana y sus mismos sentimientos, pero son más fuertes e inteligentes que los humanos y poseen el don de la inmortalidad.

El griego se sentía a merced de la voluntad caprichosa de sus dioses, que decidían sobre su futuro y su destino. De ahí la necesidad de aplacar a las divinidades con su culto: las **oraciones,** las **ofrendas** –libaciones de vino o leche– y los **sacrificios** de animales.

Otras formas de culto fueron los oráculos y los juegos. Los **oráculos** eran las respuestas a las preguntas de los fieles por medio de sacerdotes o sacerdotisas. El dios más consultado era **Apolo,** en su oráculo de **Delfos.** Los **juegos** o competiciones deportivas eran fiestas celebradas en honor de los dioses. Los más famosos fueron los que celebraban en **Olimpia** en honor de Zeus. Ahí tienen su origen las Olimpiadas de los tiempos modernos.

11. Indica las características fundamentales de los dioses griegos.

12. Consulta Hc 17, 16-33 y comenta la reacción que produjo la predicación del Evangelio en la antigua Atenas.

? Nos preguntamos

¿Conoces el nombre de algunos dioses de la Grecia antigua?

Banquete de los dioses olímpicos. Fragmento del friso Este del Partenón.

+ El monte Olimpo

Los dioses principales vivían en el monte **Olimpo,** al norte de Grecia, y formaban un pequeño consejo de doce miembros presidido por Zeus. En muchas ocasiones intervenían en la vida de los seres humanos y descendían a la Tierra para ayudarlos o castigarlos. De la unión de dioses y hombres nacieron los héroes y los semidioses.

➡ ¿Qué dioses formaban el consejo de doce miembros que presidía Zeus? Infórmate consultando una enciclopedia.

2.4. ROMA

Roma, cuna del mayor Imperio de la Antigüedad, antes de convertirse en dominadora, tomó la mayoría de sus dioses de la mitología griega.

A la cabeza del **panteón*** romano estaba la tríada capitolina, formada por **Júpiter, Juno** y **Minerva,** y que se construyó imitando el modelo griego de Zeus, Hera y Atenea.

Más romanos eran **Jano** y **Vesta.** Jano, sin equivalente en la mitología griega, es el dios de las puertas y de los comienzos: su estatua tenía dos caras, cada una mirando en direcciones opuestas. Vesta es la diosa de los finales y del hogar.

Durante el Imperio se generalizó el culto personal al emperador, que era deificado en vida, y a la diosa Roma, para los cuales se pedían sacrificios obligatorios a todos los ciudadanos, causa de muchas de las persecuciones cristianas. Muchos cristianos murieron mártires en los primeros siglos al negarse a dar culto a los dioses romanos y al emperador.

La religión politeísta de Roma se fue descomponiendo poco a poco, especialmente por el influjo de religiones orientales y, sobre todo, del cristianismo, hasta que el emperador **Teodosio** declaró esta última como religión oficial del Imperio romano en el año 380 d. C. Los apóstoles Pedro y Pablo fueron a Roma y en ella murieron mártires en el siglo I.

13. ¿De dónde tomaron la mayoría de sus dioses y sus mitos los romanos?

14. ¿Que supuso la expansión del cristianismo para la religión romana? ¿Qué emperador declaró al cristianismo religión oficial del Imperio romano?

+

San Pablo en Roma

➡ Lee en los Hechos de los Apóstoles 28, 11-31 cómo san Pablo llegó a Roma y su estancia allí.

Vocabulario

Naturaleza: el conjunto de todas las cosas que componen el universo creado.

Panteón: conjunto de todos los dioses que formaban parte del culto oficial romano.

3. EL HINDUISMO

NOS PREGUNTAMOS

¿Sabes cuál es el principal sentido de la religión hinduista? ¿Conoces alguno de sus dioses?

El hinduismo es una de las religiones más antiguas del mundo. Es la religión de la inmensa mayoría de los habitantes de la India. Sus orígenes se remontan a 4 000 o 5 000 años a. C. Ha ejercido influencia en muchas otras religiones y también las ha recibido, especialmente de la religión islámica y de la cristiana.

3.1. UNA VISIÓN DE LA REALIDAD

El hinduismo no posee un credo común ni jerarquía ni culto ni unos ritos uniformes. Más que una religión es una cultura religiosa de profunda creencia en la divinidad. Está en constante evolución. Podemos, sin embargo, mencionar algunos conceptos característicos de todos los hindúes:

- **Concepción cíclica del tiempo.** Nuestra concepción del tiempo es lineal. Para los hindúes, sin embargo, el tiempo es como una rueda: es una sucesión de ciclos. Después de cada ciclo, todo vuelve a comenzar.
- **La transmigración de las almas.** El hinduismo intenta ser un **camino de liberación** del ciclo de la vida y de la muerte por el que atraviesan las almas, las cuales se encarnan una y otra vez en diferentes cuerpos (**reencarnación***), hasta que –por medio de la meditación y la purificación– llegan al estado de **bienaventuranza.**
- **La ley del dharma.** Lo esencial del hinduismo es el dharma: el orden natural que integra toda forma de vida vegetal, animal y humana. Es el universo del que el hindú forma parte, ya que se trata de una visón **panteísta*** del mundo.
- **El Brahmán.** El dios del hinduismo es Brahmán (la realidad última), del que todo ha emanado y al que todo retorna una vez purificado. Así, el hinduismo cree firmemente en las sucesivas **reencarnaciones,** hasta la disolución final del alma en Brahmán.

\+

EL SISTEMA DE CASTAS

El hinduismo organiza la sociedad según el sistema de castas. Así, la divide rigurosamente en estamentos sociales hereditarios, resultado de lo que cada uno hizo en una vida anterior.

En la cima de todas las castas están los sacerdotes o *brahmanes*. En la escala más baja se encuentran los *parias*: los más pobres y miserables.

➡ Investiga sobre las castas más importantes que existen en la actualidad en las sociedades hindúes y su modo de vida.

15. ¿Qué concepción del tiempo tienen los hindúes?

16. ¿Cómo se liberan las almas del ciclo de la vida y la muerte?

17. ¿Qué es para los hinduistas el Brahman?

3.2. EL PANTEÓN HINDUISTA

Los dioses hindúes son innumerables, pero son considerados simplemente como manifestaciones de **Brahmán**, lo Uno Absoluto, neutro e impersonal. Tener devoción a uno u otro dios es solo cuestión de tradición, de castas o de la piedad de los fieles.

Brahmán, el dios supremo, solo estuvo activo durante la creación del universo: el resto del tiempo está en profunda meditación. **Manifestación** suya es la «tríada» divina, que está en la cima del panteón hindú:

- **Brahma** (masculino, no confundirlo con **Brahmán**) es el dios creador.
- **Vishnú** es el dios conservador del cosmos, el benefactor.
- **Shiva** es el responsable de la destrucción, con representaciones femeninas y masculinas.

Shiva sobre un toro.

«Tríada divina» hinduista: Brahma, Vishnú y Shiva.

3.4. LOS LIBROS SAGRADOS HINDUISTAS

Los textos sagrados del hinduismo están escritos en sánscrito, una lengua ya desaparecida pero que sigue considerándose sagrada. Su antigüedad, contenidos y estilos son muy variados. Entre ellos pueden destacarse los ***Vedas***: recogen tradiciones orales puestas por escrito hace unos cuatro o cinco mil años. Son fórmulas rituales, cantos épicos, oraciones a las divinidades, melodías y cantos, mantras o pequeñas oraciones...

18. ¿Quién es Brahmán?

19. ¿Cuál es la «tríada» divina que está en la cima del panteón hindú?

20. ¿Qué son los *Vedas*?

VOCABULARIO

Panteísmo: creencia que identifica a Dios con todo lo que existe.

Reencarnación: proceso por el que un alma, tras la muerte, vuelve a dar aliento de vida a otro nuevo ser.

SÍNTESIS

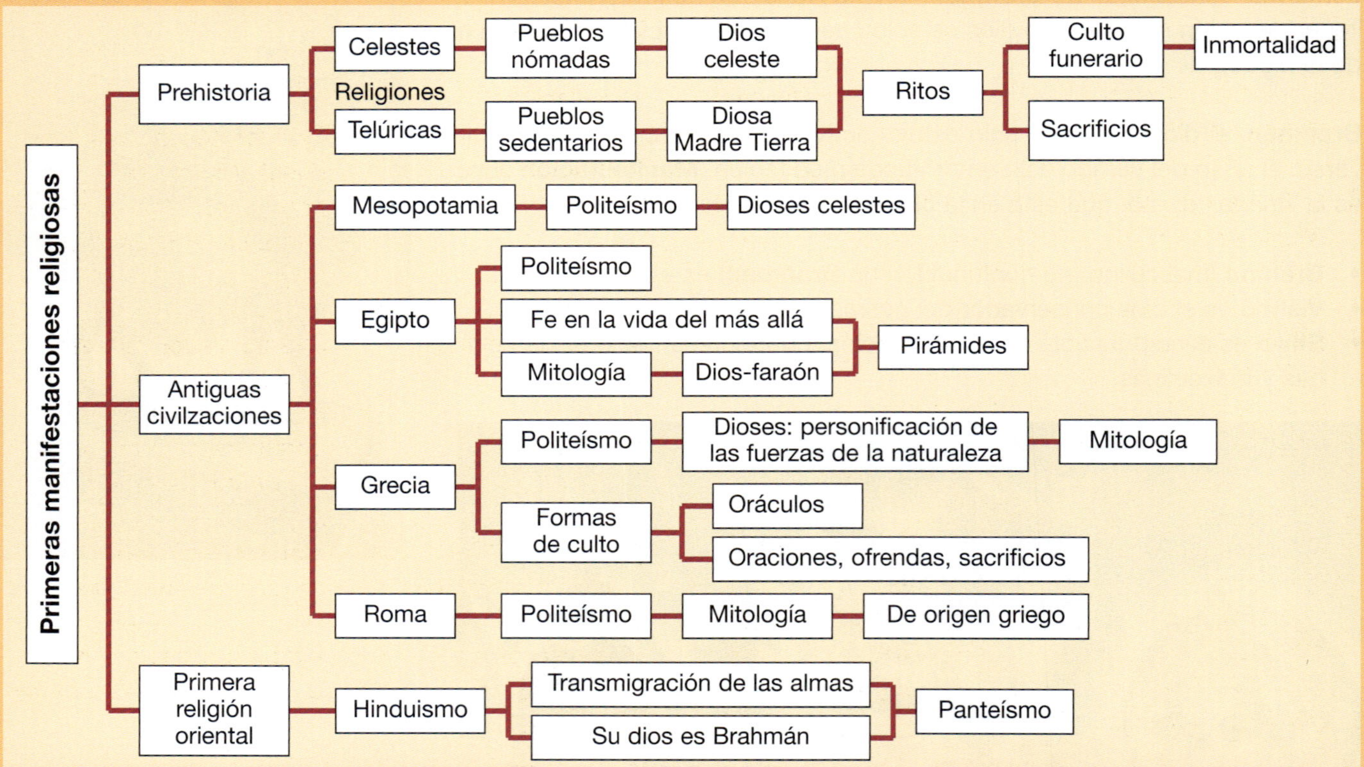

1. El ser humano está naturalmente inclinado a buscar a Dios, a creer en Él y a darle culto. La religiosidad es característica del ser humano a lo largo de la historia, como muestran las culturas prehistóricas y antiguas.

2. Las culturas nómadas de la prehistoria concibieron a la divinidad como un poder en el Cielo que los protegía. Las sedentarias situaron la divinidad en la Tierra, sobre la que trabajaban y que les daba el sustento.

3. Los cultos funerarios de la prehistoria y los enterramientos indican que las gentes de estas culturas creían en la inmortalidad del alma y en un mundo de ultratumba.

4. La religión de las culturas que se desarrollaron en Mesopotamia era politeísta y tributaba culto a diversos dioses, sobre todo celestes. Cada ciudad tenía su dios particular.

5. La antigua religión de Egipto era también politeísta. En ella destaca la fe en la inmortalidad del alma y el culto divino al Faraón. Las grandes pirámides son muestra conjunta de ambos cultos.

6. Los dioses de la antigua Grecia personificaban las fuerzas de la naturaleza. Al frente de todos ellos está Zeus. A los dioses se les ofrecían oraciones, ofrendas y sacrificios de animales y se les consultaba por medio de los oráculos. Los grandes poetas griegos (como Homero y Hesíodo) redactaron la mitología griega: el conjunto de historias fabulosas que narran las aventuras de los dioses y sus relaciones con los hombres.

7. Roma tomó prestados muchos de sus dioses de la mitología griega. A la cabeza del panteón romano más antiguo estaba la tríada formada por Júpiter, Juno y Minerva.

8. El hinduismo es la religión más antigua del mundo y busca que el hombre se perfeccione, por medio de la meditación y de la contemplación de lo divino, y alcance la bienaventuranza.

ACTIVIDADES

DE EVALUACIÓN

1. Explica las diferencias entre las religiones celestes y las telúricas.

2. ¿Por qué antiguos pueblos nómadas tendían a las religiones celestes y los sedentarios a las telúricas?

3. ¿Qué sentido tenía el culto funerario que, en la Prehistoria, los hombres dedicaban a sus difuntos? ¿Y el ajuar, adornos y alimentos que acompañan a los muertos?

4. Relaciona:

a) Mesopotamia	– Pirámides
b) Egipto	– Monte Olimpo
c) Grecia	– Creciente Fértil
d) Roma	– Río Nilo

5. ¿Qué es el politeísmo?

6. Completa la definición de mito:
Cada una de las .... que narran la relación de la .... con los .... por medio de historias de .... antiguos o de los ....

7. ¿A qué cultura corresponde cada uno de estos dioses?
- Zeus
- Júpiter
- Anu
- Ra

8. ¿Con cuál de estas culturas tuvo relación el pueblo de Israel? ¿Y con el cristianismo en sus inicios?
a) Romana
b) Mesopotámicas
c) Egipcia
d) Griega

9. ¿Sabes con que obligación de los ciudadanos romanos están relacionadas las primeras persecuciones cristianas?

10. ¿En qué consiste la transmigración de las almas? ¿Cuál es su fin?

DE REFUERZO

1. Relaciona:

	– Pueblos sedentarios
a) Religiones celestes	– Pueblos nómadas
b) Religiones telúricas	– Adoran los astros del Cielo
	– Adoran a la diosa Tierra

2. Relaciona:

a) Cultos funerarios	– Ofrendas a los dioses
b) Tumbas	– Espíritu inmortal
c) Alma	– Enterramientos
d) Sacrificios	– Ceremonias de culto a los antepasados

3. Indica qué frases son verdaderas o falsas:
a) En Mesopotamia se daba culto divino al emperador.
b) Egipto estaba gobernado por reyes-dioses.
c) En Grecia se construían pirámides para enterrar a los faraones.
d) Roma significa «tierra entre ríos».

4. Relaciona:

a) Mesopotamia	– Pirámides
b) Egipto	– Astrología
c) Grecia	– San Pedro
d) Roma	– Olimpiadas

5. Indica qué frases son verdaderas o falsas:
a) Las culturas mesopotámicas eran sedentarias.
b) Egipto tomó los dioses de Grecia.
c) En Grecia se enterraba a los faraones.
d) Roma tenía una rica mitología de dioses.

6. ¿Qué es el politeísmo? Señala la respuesta correcta:
a) Vivir en una *polis* (ciudad).
b) Hablar varias lenguas.
c) Creer en muchos dioses.

7. De las cuatro civilizaciones que hemos estudiado, ¿cuáles fueron politeístas?

8. Completa esta frase.
A los dioses en Grecia se les ofrecían .... y sacrificios de .... La respuesta de los dioses eran los ....

PARA SABER MÁS

LA SUPERSTICIÓN

Se ha comprobado históricamente –en la Prehistoria y en la Antigüedad– la universalidad del fenómeno religioso. A través de la religión el ser humano reconoce la existencia de un Ser supremo y le rinde culto.

Sin embargo, muchas veces se ha negado esa tendencia natural a un Poder superior. Y no solo negando la existencia de Dios –ateísmo– o viviendo como si no existiera, sino también deformando la verdadera religiosidad. Los romanos denominaron a esta actitud **superstición:** «No sólo los filósofos, sino también nuestros antepasados, separaron la superstición de la religión» (Ciceron, filósofo romano del siglo I a. C.).

En el fondo el supersticioso trata, por temor o interés, de manipular lo sagrado a través de «técnicas» que desfiguran el culto religioso y la auténtica oración.

Los signos del Zodiaco

En los tiempos de la antigua Mesopotamia, los sabios de entonces (muchos siglos antes de Cristo) consultaban los signos del Zodiaco para componer sus calendarios y para predecir hechos que, según sus teorías supersticiosas, habrían de acaecer a través de augurios y horóscopos.

1. Busca en una enciclopedia información sobre los signos del Zodiaco.
2. Razona por qué es una superstición y analiza su vigencia en la actualidad.
3. ¿Puede un cristiano practicar estas cosas sin ofender a Dios? Consulta los números 2.110 y 2.111 del Catecismo de la Iglesia Católica y resume sus enseñanzas.
4. Comenta las siguientes palabras bíblicas: *Que nadie entre vosotros practique la adivinación ni consulte adivinos ni pretenda predecir el futuro ni consulte a los muertos* (Dt 18, 9-12). ¿Con qué mandamiento se relaciona? ¿Qué manda y qué prohibe ese mandamiento?

ACTIVIDAD FINAL

Con todo lo que has aprendido en esta unidad, más la información que busques en otras fuentes, serás capaz de poner un poco de orden en esta confusión de imágenes y datos.

1. Elabora un cuadro sinóptico con algunas de las religiones estudiadas en esta unidad para colocar el texto de cada imagen en el lugar correspondiente.
2. También puedes deducir cómo se pueden clasificar esos datos dentro de cada religión: descubrirás que hay tres tipos de datos diferentes.
3. Has visto en esta unidad que la religión ha sido un hecho universal desde el principio de la historia de la Humanidad. Piensa y responde: ¿qué tienen en común las religiones que acabas de estudiar?

Templo griego

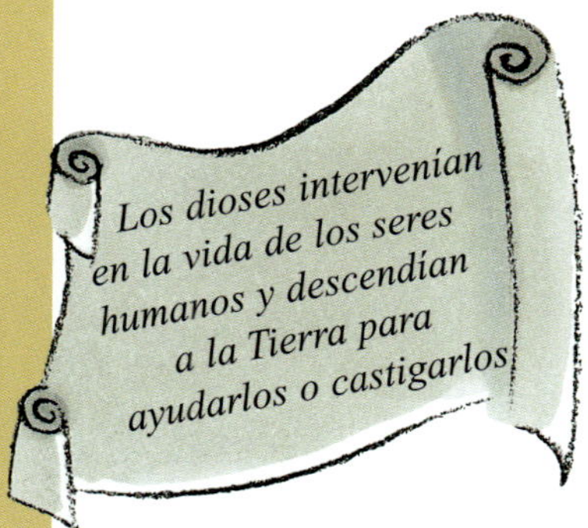

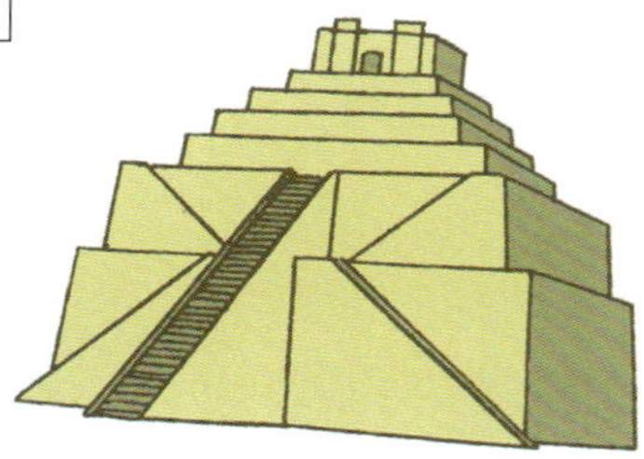

Zigurat

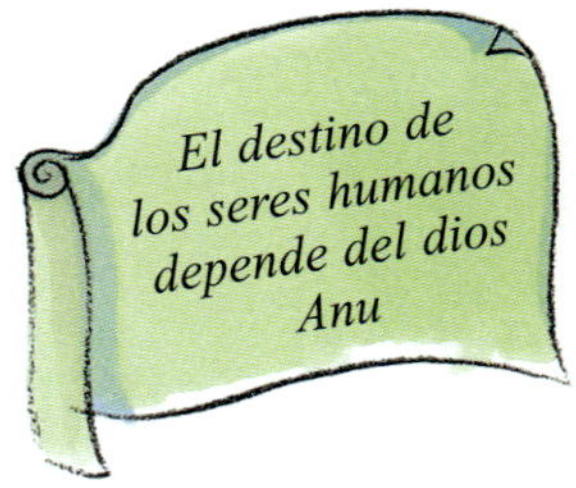

Templo romano

Pirámide

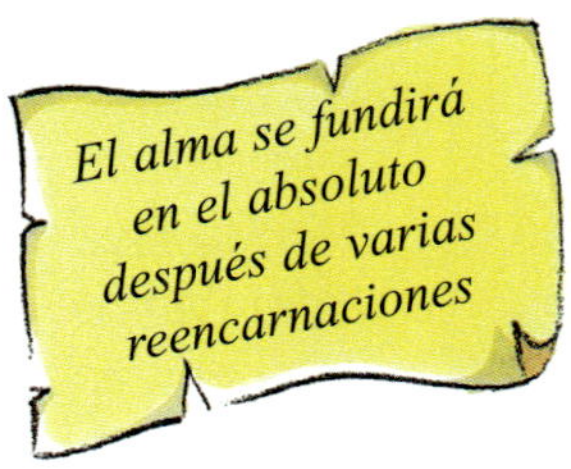

Templo hindú

2 DIOS SALE AL ENCUENTRO DEL HOMBRE: LA BIBLIA

Muchas veces y de muchas maneras
habló Dios en otros tiempos
a nuestros padres por medio de los profetas;
últimamente, en estos días,
nos ha hablado por medio de su Hijo.

(Carta a los Hebreos 1, 1-2)

Esquema de la unidad

- **1.** La Sagrada Biblia
  - ¿Qué es la Biblia?
  - Los autores de la Biblia
- **2.** Los libros que la componen
  - El Antiguo Testamento
  - El Nuevo Testamento
- **3.** Para leer bien la Biblia
  - Los géneros literarios
  - La interpretación de la Biblia
- **4.** Del Evangelio a los evangelios

Reflexionamos y comentamos

La abuela Carolina cortaba el césped de su jardín, cuando al otro lado del seto escuchó la voz del viejo Sam que se lamentaba en voz baja. –¿Qué te sucede, Sam?, preguntó Carolina.

Después de una pausa escuchó la voz de Sam: –¿Cómo voy a creer en Dios si el único familiar que me queda no me llama por teléfono? Desde que mi hijo se fue a vivir a la ciudad se ha olvidado de mí.

Era conocido que el viejo Sam no rezaba. Decía que no era posible que existiera Dios si a él no le había hablado nunca. La abuela Carolina le había dicho que rezara, pero no le hacía caso. –¿Por qué no llamas a tu hijo por teléfono?, gritó ella. –¿Cómo voy a hacerlo si no tengo sus datos?, respondió él.

Y la abuela Carolina replicó con rapidez: –¿Miraste en el buzón de la correspondencia?

Al cabo de un rato se volvió a escuchar la voz de Sam: –¡Alegría!, ¡me quiere! ¡Hay un montón de cartas de mi hijo, y yo no me había dado cuenta!

La abuela, sonriendo, gritó desde su jardín: –¿Y miraste el otro buzón? –¿Cuál?, preguntó el viejo.

–La Biblia. ¿No sabías que son cartas que Dios nos ha enviado?

Dialogamos

- ¿Por qué Sam se veía desdichado? ¿Era lógico que culpase de sus males a Dios?
- ¿En qué momento recobró Sam la alegría?
- ¿De qué manera se comunica Dios con los hombres?

1. LA SAGRADA BIBLIA

NOS PREGUNTAMOS

¿Qué significa la palabra «Biblia»? ¿Conoces algunas palabras que tengan la misma raíz?

LA TRADICIÓN JUDÍA

Para entender la Biblia es necesario antes saber qué es la Tradición judía. En el pueblo de Israel la tradición oral fue muy importante para conservar y transmitir la fe de sus mayores. Esto les sirvió para no perder su identidad y su esperanza cuando sufrieron deportaciones a países lejanos de Palestina, como Babilonia. Y también les sirvió para que, muchos años después, escritores inspirados por Dios pusieran por escrito esas antiguas tradiciones religiosas que formaban parte de la Historia de la Salvación.

➡ Lee los números 53 al 65 del Catecismo de la Iglesia Católica y haz un esquema con esas enseñanzas.

El cristianismo se distingue de las demás religiones en que es una «religión revelada». Otras religiones tienen su origen en sus respectivos fundadores que andan a la búsqueda de Dios, y, cuando lo encuentran, son como «profetas» de ese Dios que han descubierto. Sin embargo, el cristianismo tiene su origen en Dios mismo que se da a conocer en el Antiguo Testamento y, sobre todo, en el Nuevo en la persona de Jesucristo, que es Dios encarnado, que viene al mundo para la salvación de los hombres.

1.1. ¿QUÉ ES LA BIBLIA?

La palabra **Biblia*** viene del griego y significa *libros*, pues es como una biblioteca: es el conjunto de libros que contienen la Revelación de Dios a los hombres.

Muchas cosas que cada uno sabe de sus antepasados y costumbres de su familia, se las han contado sus padres o sus abuelos; pues de modo semejante, Abraham y sus descendientes transmitieron oralmente a sus hijos, de generación en generación, lo que Dios les había manifestado con hechos y con palabras. Estas enseñanzas se pusieron por escrito al cabo de muchos años, y en momentos distintos. Ahora entenderás mejor por qué la Biblia tiene dos partes:

- El **Antiguo Testamento** lo forman los libros escritos antes de la venida de Jesucristo.
- El **Nuevo Testamento** contiene la Revelación de Jesucristo, que es la «plenitud de la Revelación» de Dios a los hombres; está formado por los cuatro evangelios, por hechos de la primitiva Iglesia y por cartas de algunos apóstoles.

La Biblia está compuesta por 73 libros, 46 del Antiguo Testamento y 27 del Nuevo. Lo más importante es el mensaje religioso que transmite; por eso se llama **Sagrada Escritura.** También se le llama **Palabra de Dios** porque es Dios quien habla a través de esos escritos.

1. ¿Qué significa que el cristianismo es una religión revelada? ¿Cuándo alcanzó su plenitud la Revelación divina?
2. ¿Cómo sabes si un libro de la Biblia es del Antiguo o del Nuevo Testamento?

1.2. LOS AUTORES DE LA BIBLIA

Imagínate un palacio: fue construido por los albañiles a pie de obra; pero el arquitecto desde su despacho era quien había diseñado la obra y luego guiado a los albañiles. Pues algo semejante ha sucedido con la redacción de la Biblia: los libros sagrados fueron escritos por autores humanos, pero estos escribieron guiados (inspirados) por Dios.

Para entenderlo mejor, podemos resumir lo que enseña el Concilio Vaticano II en la *Constitución sobre la divina Revelación*:

1. La Biblia contiene la Revelación divina, puesta por escrito por unos hombres bajo la **inspiración* divina.**

2. Estos hombres, a los que se llama hagiógrafos, son **verdaderos autores** de lo que escribieron, y lo hicieron según sus facultades humanas (cultura, recuerdos, estilo propio de cada uno, etc.).

3. Pero, a la vez, actuaron bajo el influjo divino. Dios los había escogido para que pusieran por escrito todo y solo lo que Él quería. Por eso la Biblia es un conjunto de libros cuyo **autor principal es Dios.**

3. Explica qué significa que un libro de la Biblia está inspirado por Dios.

4. ¿Qué actitudes ha de tener el cristiano ante este libro sagrado?

LA BIBLIA, EL LIBRO MÁS DIFUNDIDO

La Biblia fue el primer libro que se imprimió, editado por Gutenberg en el año 1456.

Es el libro más difundido. Entre 1815 y 1975 se distribuyeron 2 500 millones de Biblias.

La Biblia políglota (del griego *polys:* 'muchos' y *glotta*: 'lengua') más antigua es la Complutense, editada en la Universidad de Alcalá de Henares, hacia 1515. Está escrita en cuatro lenguas: hebreo, arameo, griego y latín.

➡ Busca en una enciclopedia la palabra «Biblia» y anota brevemente lo que se dice sobre las ediciones que se han hecho en diferentes lenguas.

VOCABULARIO

Biblia: conjunto de libros que forman las Sagradas Escrituras, cuyo principal autor es Dios. Se divide en Antiguo y Nuevo Testamento.

Inspiración: asistencia del Espíritu Santo a los escritores sagrados de la Biblia para que escriban sin error lo que Dios quiere.

2. LOS LIBROS DE LA BIBLIA

2.1. EL ANTIGUO TESTAMENTO

PENTATEUCO. Son los cinco primeros libros y recogen la historia de la Humanidad y del pueblo de Israel desde la Creación hasta la muerte de Moisés.

- **Génesis:** narra la creación, los orígenes de la Humanidad, la historia de Abraham y de sus descendientes, la estancia del pueblo de Israel en Egipto.
- **Éxodo:** Moisés libera a los israelitas de la esclavitud en Egipto y Dios sella la Alianza del Sinaí con el pueblo elegido.
- **Números:** emigración de los judíos por el desierto a la tierra prometida.
- **Levítico** y **Deuteronomio:** colección de leyes que Dios entregó a Moisés.

LIBROS HISTÓRICOS. 16 libros que recogen la historia del pueblo de Israel desde la conquista de la tierra prometida a la dominación griega.

- **Josué, Jueces:** narran la conquista de la tierra prometida.
- **1** y **2 de Samuel, 1** y **2 de Reyes, 1** y **2 de Crónicas:** historia de David y otros reyes judíos; luchas hasta el exilio en Babilonia.
- **Esdras y Nehemías:** relatan el regreso del pueblo judío de Babilonia y la reconstrucción del Templo de Jerusalén.
- **1** y **2 de Macabeos:** describe las luchas entre judíos y griegos.
- **Rut, Tobías, Judit, Ester:** relatan las historias de estos personajes de la historia de Israel.

LIBROS POÉTICOS y SAPIENCIALES. 7 libros que recogen máximas de sabiduría y de alabanza a Dios.

- **Salmos:** 150 cánticos de oración. Muchos de ellos escritos por el rey David.
- **Job:** cuenta la fidelidad de este hombre a Dios en su sufrimiento.
- **Proverbios, Sabiduría, Eclesiástico:** son conjuntos de máximas y refranes con enseñanzas morales, atribuidos al rey Salomón.
- **Eclesiastés:** contiene una reflexión sobre el sentido de la vida y la caducidad de las cosas.
- **Cantar de los cantares:** se trata de un canto al amor humano, imagen del amor divino, atribuido también a Salomón.

LIBROS PROFÉTICOS. 18 libros que atesoran las enseñanzas de los profetas: 4 de los mayores y 12 de los menores. Los mayores son:

- **Isaías:** profetiza sobre el Mesías que ha de venir.
- **Jeremías:** anuncia las próximas calamidades al pueblo por apartarse de Dios. Con Jeremías están relacionados los libros de las Lamentaciones y el profeta Baruc.
- **Ezequiel:** habla en el destierro de Babilonia.
- **Daniel:** estimula a la esperanza en Dios ante las dificultades.

5. ¿Qué se narra en el libro del Génesis?

6. ¿En qué parte de la Biblia se encuentra el libro de los Jueces? ¿De qué trata? ¿Y los libros de los Reyes?

2.2. EL NUEVO TESTAMENTO

Está compuesto por los cuatro Evangelios, los Hechos de los Apóstoles, las cartas de algunos apóstoles y el Apocalipsis.

LOS CUATRO EVANGELIOS* relatan con detalle la vida y las enseñanzas de Jesús. Fueron escritos por **Mateo**, **Marcos**, **Lucas** y **Juan.** Los tres primeros se llaman evangelios **sinópticos** porque cuentan casi las mismas cosas dando una visión de conjunto (sinopsis) de la vida de Jesús.

El evangelio de Juan completa lo ya dicho en los evangelios sinópticos. Su fin principal es mostrar que Jesús es el Mesías, el Hijo de Dios encarnado.

Los Hechos de los Apóstoles fueron escritos por san Lucas y son como una continuación de su evangelio. Narra la vida de los primeros cristianos y los viajes de san Pablo.

LAS CARTAS DE SAN PABLO (se llaman también **epístolas***) dirigidas a comunidades cristianas o a algunos de sus discípulos. Albergan un gran contenido teológico. Son catorce: a los **Romanos**, dos a los **Corintios**, a los **Gálatas**, a los **Efesios**, a los **Filipenses**, a los **Colosenses**, dos a los **Tesalonicenses**, dos a **Timoteo**, a **Tito**, a **Filemón**.

Carta a los Hebreos: su autor es un discípulo muy cercano al apóstol san Pablo.

CARTAS CATÓLICAS: son epístolas escritas por otros apóstoles; llevan el título del autor: Santiago, 2 de Pedro, 3 de Juan y Judas.

APOCALIPSIS: es el último libro de la Biblia y está escrito por Juan. Con lenguaje simbólico y misterioso, narra las dificultades que atravesará la Iglesia y el triunfo final de Cristo.

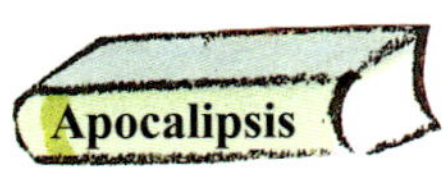

7. ¿Qué libros de la Biblia escribió el apóstol Juan? ¿Y san Lucas?

8. ¿De qué trata los Hechos de los Apóstoles?

9. ¿Cuáles son los evangelios sinópticos y por qué se llaman así?

Los cuatro evangelios

San Ireneo, obispo de Lyon, escribe a finales del siglo II: «Mateo publicó la escritura del Evangelio para los hebreos y en su lengua [...] Después de su muerte, Marcos, discípulo e intérprete de Pedro, nos comunicó, también por escrito, las cosas que habían sido anunciadas por Pedro. Y Lucas, discípulo de Pablo, escribió en un libro el Evangelio que predicaba su maestro. Finalmente Juan, discípulo del Señor, el que se recostó sobre su pecho, él también, viviendo en Éfeso, publicó su Evangelio. No hay, pues, ni más ni menos que estos cuatro Evangelios. Como el mundo tiene cuatro partes, y son cuatro los vientos principales».

➡ Compara los títulos de los capítulos de los tres evangelios sinópticos y elabora un esquema de la vida de Jesucristo.

Vocabulario

Evangelio: esta palabra griega significa «buena noticia». Hay cuatro evangelios que recogen los hechos y las palabras de Jesús, según los relatos de Mateo, Marcos, Lucas y Juan.

Epístolas: se llaman así a las cartas de san Pablo y de algunos apóstoles que forman parte del Nuevo Testamento.

3. PARA LEER BIEN LA BIBLIA

NOS PREGUNTAMOS

¿Qué es lo más característico de una novela? ¿Y de una biografía? ¿Y de una poesía? ¿Y de una carta?

3.1. LOS GÉNEROS LITERARIOS

Los 73 libros de la Biblia están escritos en estilos diferentes. Son variadísimos: colecciones de poesías y cantos, relatos de antiguas tradiciones, historias muy documentadas, discursos, normativas, cartas dirigidas a una persona o a toda una comunidad, etc. Y cada uno con la expresión propia de la época en que fue escrito.

Letra capitular ornamentada de una Biblia manuscrita.

Esta variedad se conoce como **géneros literarios,** y es necesario tenerlos muy en cuenta a la hora de interpretar las enseñanzas de la Biblia.

Los principales géneros literarios de la literatura antigua que se encuentran en la Biblia, con algunos ejemplos, son los siguientes:

Género	Ejemplo
Histórico	*Mientras el rey Antioco recorría las provincias del norte...* (1Mg 6, 1).
Jurídico	*Estas son las leyes de justicia que les promulgarás* (Gn 21).
Profético	*Mirad: la virgen encinta da a luz un hijo* (Is 7, 14).
Poético	*Tus ojos de paloma a través de tu velo* (Ct 4, 1).
Sapiencial	*Escuchad, hijos, los consejos de vuestro padre* (Eclo 3, 1).
Evangélico	*Jesús estaba orando en cierto lugar* (Lc 11, 1).
Epistolar	*Pablo, apóstol de Jesucristo por designio de Dios, a los fieles de...* (Ef 1, 1).

+ LAS ENSEÑANZAS DE LAS SAGRADAS ESCRITURAS

Dice el Concilio Vaticano II: «Los libros del Antiguo Testamento contienen enseñanzas sublimes sobre Dios y una sabiduría salvadora acerca del hombre, encierran tesoros de oración y esconden el misterio de nuestra salvación» (Concilio Vaticano II, DV, 15).

➡ ¿Qué cuatro cosas contienen los libros del Antiguo Testamento, según este texto?

10. Lee la información sobre el modode citar la Biblia, que está en la página siguiente. Luego busca la cita 1 Cro 11, 1. Escríbela e identifica su género literario.

11. Busca 1 Tim 6, 20. Anota el pasaje e identifica su género literario.

12. Busca otros pasajes de la Biblia e identifica sus géneros literarios.

Forma de citar la Biblia

Cada libro de la Biblia está dividido en capítulos y cada capítulo está dividido en versículos. El inicio de cada capítulo se señala con un número grande; y el inicio de cada versículo, con un número pequeño y elevado sobre el texto.

Libro → JEREMÍAS

Capítulo → **34** [1] *Palabra que el Señor dirigió a Jeremías cuando Nabucodonosor, rey de Babilonia, con todo su ejército, todos los reinos de la tierra sometidos a él y todos los pueblos decidió atacar a Jerusalén y a todas sus ciudades.*

Versículo → [2] *–Así dice el Señor, Dios de Israel: Vete*

Para «citar» o referirse a una fragmento de la Biblia siempre se hace de la misma manera:

Abreviatura del libro (todas las Biblias presentan un listado de abreviaturas), capítulo del libro, coma, versículo

Por ejemplo: **Gn 18, 9**
Se leería así: *Génesis, capítulo dieciocho, versículo nueve.*

Si nos referimos a un fragmento que ocupa varios versículos, se indica el primero y el último con un guión entre ellos.

Por ejemplo: **Gn 18, 9-15**
Se leería así: *Génesis, capítulo dieciocho, del versículo nueve al quince.*

3.2. LA INTERPRETACIÓN DE LA BIBLIA

Como ya hemos visto, fue Dios Espíritu Santo quien inspiró a los autores sagrados para que escribieran los libros del Antiguo y del Nuevo Testamento. Y también Jesucristo envió a su Iglesia el Espíritu Santo para que pudiera recordar e interpretar rectamente a lo largo de los siglos el sentido de todo lo que Dios había revelado. Esa es la función del **Magisterio de la Iglesia***.

Por tanto, solo se puede conocer el sentido que Dios ha querido dar a cada pasaje de la Biblia si se lee según la interpretación que ha hecho la Iglesia, es decir si se lee la **Tradición* de la Iglesia.**

Una de las funciones del Magisterio ha sido determinar qué libros del Antiguo y del Nuevo Testamento han sido revelados por Dios y, por tanto, forman parte de la Biblia. La Iglesia católica fijó definitivamente el **canon** o conjunto de los libros de la Biblia en el Concilio de Trento (1563), ante las diversas interpretaciones de la Biblia que hacían los cristianos protestantes.

VOCABULARIO

Magisterio de la Iglesia: misión de enseñar con autoridad confiada por Jesucristo a los apóstoles y a sus sucesores: el Papa y los obispos.

Tradición: es la palabra de Dios no escrita en la Biblia y que se nos ha transmitido por la vida de la Iglesia.

13. En la Biblia hay textos que son difíciles de interpretar. Por ejemplo cuando Jesús dijo a los Apóstoles: *No he venido a poner paz sino espada* (Mt 10, 34). Lee ese pasaje y su contexto. ¿Piensas que Jesús está recomendando a sus discípulos la violencia? ¿Cuál sería la interpretación correcta de este pasaje?

14. ¿Quién tiene la misión de interpretar rectamente la Biblia? ¿Por qué?

SÍNTESIS

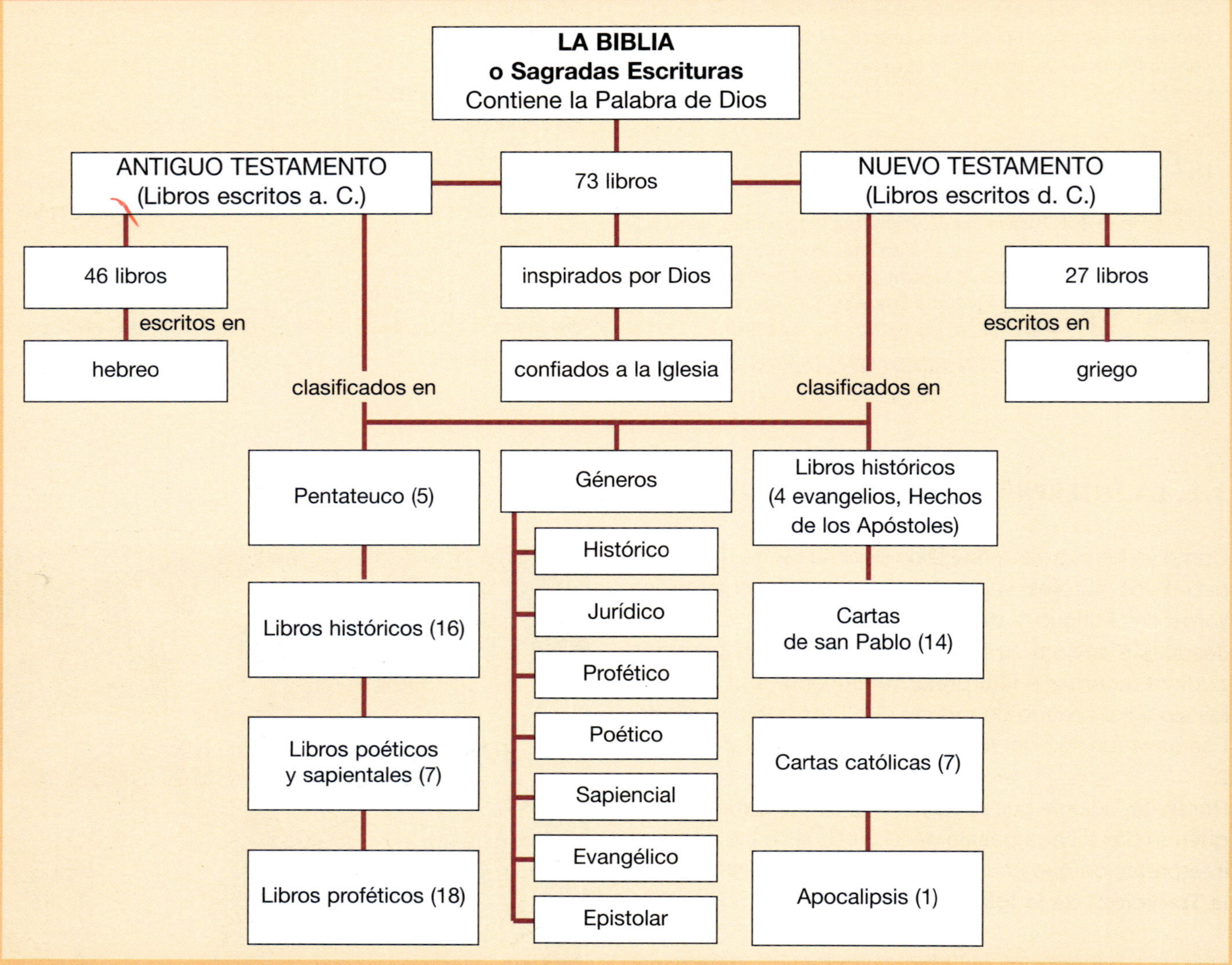

1. La Biblia es un conjunto de libros que recoge la historia del pueblo de Israel, de Jesucristo y de la Iglesia, en la cual Dios fue revelando verdades sobrenaturales para ayudarnos a alcanzar nuestra Salvación.
2. Dios se sirvió de algunas personas, los hagiógrafos, para que pusieran por escrito lo que Él les fue inspirando. Ellos lo hicieron, cada uno según su cultura y estilo.
3. Por eso Dios es el autor de toda la Biblia y de cada uno de los libros que lo componen; los autores humanos que los escribieron fueron instrumentos suyos.
4. El Antiguo Testamento lo forman el Pentateuco, los libros históricos, los libros poéticos y sapienciales, y los libros proféticos. En total son 46 libros.
5. El Nuevo Testamento lo forman los Evangelios, los Hechos de los Apóstoles, las Cartas de san Pablo y de otros Apóstoles y el Apocalipsis de san Juan. En total son 27 libros.
6. Dios ha confiado a la Iglesia Católica la custodia e interpretación de la Biblia, para que se crea todo y solo lo que Él nos ha revelado.
7. Los principales géneros literarios de la literatura antigua que se encuentran en la Biblia son los siguientes: histórico, jurídico, profético, poético, sapiencial, evangélico y epistolar.

ACTIVIDADES

DE EVALUACIÓN

1. Explica qué es la Biblia y cuáles son sus partes.

2. Vuelve a leer el texto que analizamos al principio de esta unidad y explica por qué la Biblia es Palabra de Dios.

3. ¿Qué es la tradición judía? ¿Era importante? ¿Hay alguna Tradición en la Iglesia?

4. ¿En qué se diferencian el Antiguo Testamento y el Nuevo?

5. Localiza en una Biblia los siguientes pasajes: Sal 102, 2-5 / 2 Tim 4, 11-13 / Dt 14, 3-8 / Pr 24, 1-4 / 2 Cro 5, 2-7 / Ap 12, 1-4 / Mt 4, 23-25.
   Observa cómo corresponden a géneros literarios distintos y anota cuáles son.

6. Si el Evangelio de san Mateo lo escribió el apóstol Mateo, ¿por qué decimos que Dios es también su autor? ¿Qué hizo Mateo y qué ha hecho Dios?

7. ¿Por qué no podemos hacer una interpretación de la Biblia contraria a la que hace la Iglesia?

8. Localiza Mt 26, 26 / Mc 14, 22 / Lc 22, 19.
   Copia las tres frases en tres columnas paralelas. Compáralas: subraya en rojo las palabras idénticas, en azul las que sin ser idénticas quieren decir lo mismo. Explica por qué se llaman evangelios sinópticos.

9. ¿En qué se distingue el evangelio de Juan de los otros evangelios?

10. Busca dos ejemplos del género epistolar en el Nuevo Testamento y del sapiencial en el Antiguo: copia los versículos y cítalos según la norma.

11. Escribe tres frases referidas al contenido de la unidad que contengan estos grupos de palabras, o derivadas:
    a) inspiración / Espíritu Santo / autor
    b) interpretación / tradición / Iglesia

DE REFUERZO

1. ¿Quién es el autor de la Biblia?

2. ¿A quién se llama «hagiógrafo»?

3. Haz una lista de los libros del Antiguo Testamento clasificados en grupos.

4. Resuelve el siguiente crucigrama:

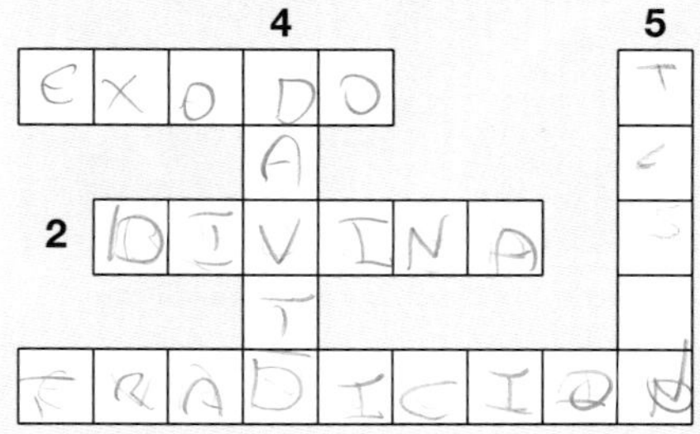

Horizontales:
1. Segundo libro del Antiguo Testamento.
2. Inspiración de los hagiógrafos.
3. Palabra de Dios no escrita en la Biblia.

Verticales:
4. Uno de los reyes de Israel.
5. Conjunto de los libros de la Biblia católica.

5. Haz un esquema con los libros que contiene el Nuevo Testamento.

6. Busca los siete «géneros literarios» de la Biblia en esta sopa de letras:

A	C	F	A	S	I	V	L	P	I	C
H	I	S	T	O	R	I	C	O	F	E
J	U	R	I	D	I	C	O	E	S	T
U	F	Z	H	L	P	O	X	T	A	I
R	S	A	P	I	E	N	C	I	A	L
I	P	J	Z	R	I	B	P	C	P	A
T	F	R	S	U	O	I	L	O	I	N
A	H	K	O	S	O	V	E	R	B	O
C	X	R	T	F	N	D	U	T	C	E
L	E	B	Y	A	E	F	O	C	I	A
S	M	E	P	I	S	T	O	L	A	R
A	F	K	H	Z	U	K	I	B	L	I
P	R	O	F	E	T	I	C	O	Y	O
E	V	A	N	G	E	L	I	C	O	S

PARA SABER MÁS

Pantocrator rodeado por los evangelistas. Miniatura, s. IX.

Mateo: Era uno de los doce apóstoles, también llamado Leví. Habría sido recaudador de impuestos en Cafarnaúm. Escribió su evangelio a partir del año 63 y se dirige a los cristianos procedentes del judaísmo. Es representado simbólicamente por un *ángel*.
Marcos: Aunque probablemente había conocido a Jesús en Jerusalén, puso por escrito lo que enseñaba Pedro en Roma. Escribió su evangelio entre el año 60 y 63. Es representado simbólicamente por un *león*.
Lucas: Médico griego de Antioquía, fue compañero de Pablo en sus viajes. Recogió mucha información sobre Jesús. Escribió su evangelio hacia el año 63 y se dirige a los cristianos de origen no judío, como él. Es representado simbólicamente por un *toro*.
Juan: Era el discípulo predilecto de Jesús, testigo excepcional de su vida. Escribió su evangelio a finales del s. I. Se dirige a los cristianos procedentes del judaísmo. Es representado simbólicamente por un *águila*.

DEL EVANGELIO A LOS EVANGELIOS

La palabra *evangelio* procede del griego y significa «buena noticia», anuncio gozoso. Jesús ha venido a predicar «el evangelio» y envía a sus discípulos a anunciarlo por todo el Mundo. Cuando hablamos de los **evangelios** nos referimos a los cuatro libros del Nuevo Testamento que transmiten la Buena Nueva –«el Evangelio»– de Jesús, escritos por Mateo, Marcos, Lucas y Juan, que son los cuatro **evangelistas**.

En la formación de los evangelios se distinguen tres fases o etapas sucesivas:

1. La vida y la enseñanza de Jesús

Jesús, el Hijo de Dios, pasó por la tierra haciendo el bien y enseñando, hasta que –muerto y resucitado– fue elevado al cielo. Él no escribió nada referente a su doctrina, pero muchos fueron testigos de sus acciones y sus palabras, especialmente los apóstoles.

2. La transmisión oral

Los apóstoles, llenos del Espíritu Santo, contaban la Buena Noticia (Evangelio) de Jesús en las catequesis y celebraciones de las primeras comunidades cristianas. Así se fue divulgando por todas partes la vida de Cristo. Algunos fueron recopilando *apuntes* con esos dichos y hechos del Señor que oían a los apóstoles.

3. Los evangelios escritos

Más tarde, movidos por el Espíritu Santo, Mateo, Marcos, Lucas y Juan pusieron por escrito –directamente o dictándolo a otros– aquello que venían proclamando. Lo hicieron siendo conocedores de esas anotaciones o escritos primeros y teniendo en cuenta cada uno la comunidad a la que se dirigía.

1. Lee la columna de la izquierda. A continuación, calcula el tiempo que transcurrió entre los hechos narrados y la redacción de cada uno de los evangelios.

2. Haz un cuadro como este sobre los cuatro evangelistas a partir de la información de la columna del margen.

Evangelista	Fecha de composición	Destinatarios	Símbolo

ACTIVIDAD FINAL

No te dejes engañar por los colores de los libros. En esta estantería hay nueve libros fuera de sitio. Intenta ponerlos en orden indicándolo del siguiente modo en tu cuaderno.

1. Nehemías va en el lugar de ....
2. .... va en el lugar de ....
3. .... va en el lugar de ....
4. .... va en el lugar de ....
5. 1 Reyes va en el lugar de ....
6. .... va en el lugar de ....
7. .... va en el lugar de ....
8. .... va en el lugar de ....
9. .... va en el lugar de Daniel

Pentateuco **Libros Históricos** **Libros Poéticos** **Libros Proféticos**

En esta otra estantería hay diez libros fuera de sitio.
Intenta ponerlos en orden indicándolo del siguiente modo en tu cuaderno.

1. Romanos va en el lugar de ....
2. .... va en el lugar de ....
3. .... va en el lugar de ....
4. .... va en el lugar de ....
5. .... va en el lugar de ....
6. Lucas va en el lugar de ....
7. .... va en el lugar de ....
8. .... va en el lugar de ....
9. .... va en el lugar de ....
10. .... va en el lugar de Apocalipsis

Evangelios y Hechos **Cartas de san Pablo** **Cartas Católicas y Apocalipsis**

3 DIOS CREADOR Y PADRE

Y, puesto que sois hijos,
envió Dios a nuestros corazones
el Espíritu de su Hijo,
que grita: ¡Abbá, Padre!
De manera que ya no eres siervo,
sino hijo, y si hijo,
también eres heredero
por la gracia de Dios.

(Ga 4, 4-8)

Esquema de la unidad

1. Dios se revela como Creador y Padre
- La grandeza del mundo nos habla de Dios
- ¿Cómo es Dios?

2. Los relatos bíblicos sobre la Creación
- Dios es el creador del mundo
- Dios es el creador del hombre

3. ¿Qué nos enseña la Biblia sobre el ser humano?
- Respecto al cuerpo y al alma
- La dignidad del ser humano

4. El ser humano colaborador de Dios
- Al transmitir la vida
- Al trabajar y transformar la tierra

5. La actividad humana y el progreso

Reflexionamos y comentamos

Es posible que al ir a una montaña te hayas encontrado con unas marcas pintadas en varios lugares o unos montoncitos de piedras. Sirven para señalar el camino y no perderse. En cierta ocasión subía un coche por una pista de montaña. Junto al conductor iba un ingeniero y en el asiento trasero iba sentada una niña de seis años, hija del ingeniero. Ella se entretenía mirando por la ventanilla y descubrió varias señales de piedras superpuestas. Preguntó a su padre: «–Papá, ¿quién ha colocado esas piedras ahí?» Antes de que su padre contestara, el conductor le dijo: «–¿Sabes qué pasó? Pues que un día hubo una gran tempestad de lluvia y viento, y comenzaron a rodar las piedras de la montaña y algunas se fueron colocando así, tal como las ves». La niña volvió la cara hacia su padre, con ojos expresivos que decían: «¿Estará loco este señor?»

Dialogamos

- ¿Por qué, cuando vemos una serie de objetos ordenados, pensamos que alguien los ha ordenado?
- ¿Tiene sentido afirmar que el orden del Universo no tiene ninguna causa y se debe a la simple casualidad?

1. DIOS SE REVELA COMO CREADOR Y PADRE

? NOS PREGUNTAMOS

¿Sabías que los astrónomos han calculado que en el Universo hay unos 200 000 trillones de estrellas? ¿Y que la Vía Láctea, nuestra galaxia, tiene 100 000 millones de soles? ¿Y que todas esas estrellas, mucho más grandes que la Tierra, viajan por el Universo a velocidades de vértigo?

1.1. LA GRANDEZA DEL MUNDO NOS HABLA DE DIOS

Cuando ves un bonito cuadro en un museo piensas que no se ha hecho solo, sino que un artista lo ha pintado. Si caminas por la playa con la marea baja, podrías reconocer por las huellas que observas en la arena si ha pasado por allí una persona mayor, un niño o un determinado animal.

Cuando miramos un reloj, o cualquier otra máquina que funciona con precisión, no se nos ocurre pensar que ese reloj o esa máquina es fruto del azar, sino que pensamos en el relojero o en el ingeniero o técnico que los fabricó.

El orden maravilloso de la creación nos está hablando de un Poder que lo ha organizado y de una Inteligencia que lo dirige. Por ello, podemos afirmar sin temor a equivocarnos que **por las maravillas de la creación podemos llegar a conocer al Autor** de todas ellas, a quien llamamos Dios. A este conocimiento de Dios se le llama **revelación natural** porque es la naturaleza, las maravillas de la creación, la que nos «revela» a su Hacedor, a Dios **Creador*.** Solo Dios es Creador porque solo Él tiene el poder de **crear*.**

Todo el universo creado en un canto de alabanza a su Creador: *Los cielos pregonan la gloria de Dios y el firmamento anuncia la obra de sus manos* (Sal 19, 2).

+ ALBERT EINSTEIN

Premio Nobel de Física y uno de los más grandes científicos del siglo XX, dijo: «Me es suficiente contemplar el misterio y reflexionar sobre la maravillosa estructura del Universo, que podemos imperfectamente conocer y tratar humildemente de penetrar siquiera una parte infinitesimal de la Sabiduría que se manifiesta en la naturaleza». Einstein solía decir con frecuencia, refiriéndose al orden del cosmos: «Dios no juega a los dados».

➡ ¿Descubría Einstein a Dios en el Universo? ¿De qué forma? ¿Qué significa la última frase?

El sistema solar.

1. Encuentra otros ejemplos tomados de la Naturaleza que llevan a pensar en la existencia de un Ser Supremo que rige el Universo.
2. Lee el texto de Sb 13, 1-9. ¿Qué nos quiere enseñar? ¿Qué actitudes despierta en quien lo lee?

1.2. ¿CÓMO ES DIOS?

Muchas veces, a lo largo de la historia, los hombres se han dicho: *–Sí, existe un Dios todopoderoso... Pero, ¿cómo es Dios?*

La Biblia nos dice muchas cosas sobre cómo es Dios: son los atributos divinos, algunos de los cuales pueden ser conocidos por la razón:

- Es el **Creador** del Universo. Solo Él tiene el poder de **crear,** es decir, de **hacer todas las cosas de la nada,** como nos relata el comienzo del Génesis.

- Es **Uno y Único.** Así lo afirma muchas veces la Biblia: *Escucha Israel: el Señor nuestro Dios es el único Señor* (Dt 6, 4-5). Si hubiera más de un Dios ya no sería Dios.

- Es **Espíritu puro,** es decir, inmaterial; sin composición de partes, como les sucede a las cosas materiales, que se corrompen.

- Es **Eterno,** es decir, que no tiene principio ni tendrá fin: *Tú existes, ¡oh Dios!, desde la eternidad y para siempre* (Sal 90, 2).

- Es **Todopoderoso,** que todo lo puede sin límite alguno (salvo hacer el mal, que es incompatible con la infinita bondad divina).

- Es **Providente,** es decir, que vela por el bien de las criaturas, en especial del hombre: *No abandona Dios a su pueblo, no desampara su heredad* (Sal 94, 14).

- Es **Misericordioso,** porque está siempre dispuesto a apiadarse y a perdonar, si le pedimos perdón. *La misericordia del Señor llena la tierra,* dice el Salmo 33.

- Es **Santo:** el profeta Isaías vio el trono de Dios rodeado de serafines que cantaban diciendo: *¡Santo, Santo, Santo!... Llena está la tierra tu gloria* (Is 6, 3).

- Es **Padre,** porque cuida de su pueblo como un padre lo hace de sus hijos queridos, a pesar de sus infidelidades (Jm 31, 20).

Pero será en el Nuevo Testamento donde Jesucristo nos hable, sobre todo, de Dios como un **Padre amoroso y cercano** que ama apasionadamente a sus hijos los hombres. En efecto, la paternidad de Dios y la filiación divina serán los conceptos básicos de la enseñanza de Jesús sobre la relación entre Dios y los hombres.

3. Dios es el Creador, pero, ¿qué significa «crear»? Señala las diferencias con «producir» y «fabricar».

4. Hay muchos otros atributos divinos; ¿puedes enunciar algunos más?

San Pablo nos escribe

Dios envió a su Hijo [...] para que recibiéramos la adopción. Y, puesto que sois hijos, envió Dios a nuestros corazones el Espíritu de su Hijo, que grita: ¡Abbá, Padre! De manera que ya no eres siervo, sino hijo, y si hijo, también eres heredero por la gracia de Dios (Gal 4, 4-8).

➡ ¿Qué diferencias encuentras entre un hijo y un siervo? ¿Cuándo comienza el cristiano a ser «hijo de Dios»? ¿Qué actitudes debe mostrar el cristiano al saber que Dios es un Padre que nos ama mucho más que los padres de la tierra?

Creación del hombre *(detalle). Miguel Ángel. Capilla Sixtina.*

Vocabulario

Creador: se dice principalmente de Dios, en cuanto solo Él tiene poder para crear.

Crear: hacer algo de la nada.

2. LOS RELATOS BÍBLICOS SOBRE LA CREACIÓN

NOS PREGUNTAMOS

Dice la Biblia que Dios creó el mundo en seis días y el séptimo descansó de su obra. ¿Piensas que Dios dedicó exactamente seis días de veinticuatro horas a la creación del Universo? ¿Sabes cómo interpreta la Iglesia este modo de decir?

2.1. DIOS ES EL CREADOR DEL MUNDO

La Creación del cielo, *arte bizantino, s. XIII.*

Con estas solemnes palabras comienza el primer libro de la Biblia: *En el principio creó Dios el cielo y la tierra.* A continuación, el capítulo 1 del Génesis relata la **creación*** de todas las cosas por parte de Dios como una acción realizada a lo largo de seis días.

Ya sabes que la Biblia expone la creación del mundo de un modo didáctico: usando un lenguaje sencillo y poético, nos enseña algunas verdades religiosas muy importantes.

Tres cosas se afirman en el fondo de estas primeras páginas de la Sagrada Escritura:

1. Dios –que es **eterno***– ha dado origen a todo lo que existe.
2. Solo Dios es **Creador** en sentido absoluto; es decir solo Dios puede crear de la nada.
3. Todo el Universo depende de Aquel que le ha dado la existencia.

La creación del Mundo por Dios es una verdad fundamental. Con esta revelación se responde a una serie de preguntas que se han hecho los hombres y las mujeres de todos los tiempos: ¿De dónde procede el Universo? ¿De dónde venimos? ¿Adónde vamos? ¿Cuál es el fin de todo esto?...

LA BIBLIA Y LAS CIENCIAS NATURALES

Con el relato de la Creación, ¿quiere la Biblia darnos una lección de ciencias naturales? No. Con este relato, la Biblia nos narra el origen del Mundo y de la Humanidad. Su intención no es darnos una lección de ciencia y, por eso, utiliza un lenguaje sencillo que pueden entender todos, describiendo los fenómenos de la naturaleza tal como aparecen a la simple observación de cualquier persona. Lo que pretende es darnos una enseñanza religiosa: que **Dios es el Creador y Señor** de todo lo que existe.

➡ Lee los números 296 y 297 del Catecismo de la Iglesia Católica y resume esas enseñanzas.

5. «Yo no creo lo que dice la Biblia porque el Mundo no puede haberse creado en seis días.» ¿Qué dirías ante esta afirmación?

6. ¿Qué significa que el relato del Génesis no es una lección de ciencias naturales, sino una enseñanza religiosa?

2.2. DIOS ES EL CREADOR DEL SER HUMANO

La Biblia relata por dos veces, de una manera sencilla y poética, la creación del hombre y de la mujer.

El primer relato dice así:

> Dijo Dios: *–Hagamos al hombre a nuestra imagen y semejanza. Y creó Dios al hombre a su imagen: a imagen de Dios lo creó; varón y mujer los creó* (Gn 1, 26-27).

Dios crea al hombre como coronación de toda su obra y lo hace a imagen y semejanza suya. El hombre es superior a todo el universo material por su dimensión espiritual: es capaz de conocer a Dios y de vivir en amistad con Él (CIC, n.os 355-356).

El **segundo relato** aporta esta información:

> *El Señor Dios modeló al hombre de arcilla del suelo, sopló en su nariz un aliento de vida y el hombre se convirtió en ser vivo* (Gn 2, 7).

Con esta bella narración, la Biblia quiere decir que el cuerpo del hombre está hecho de materia de la tierra, semejante a la materia de que están hechos los minerales, plantas y animales. Pero, además, Dios infunde en el cuerpo del hombre un *aliento de vida*, es decir, un principio vital dotado de inteligencia y libertad (**alma**), que distingue al hombre y a la mujer de los demás seres vegetales y animales, y señala su mayor dignidad (CIC, n.º 363).

Creación del hombre, *Miguel Ángel, Capilla Sixtina.*

7. Compara los dos relatos del Génesis y responde: ¿Qué significa que el hombre fue creado a *imagen y semejanza de Dios*?

8. ¿Qué significa ese *aliento de vida* que recibió el hombre de Dios? ¿Cuánto ha de durar?

CREACIÓN DE LA MUJER

Después de haber creado Dios al hombre, decidió darle una compañera: Y se dijo Dios: *No es bueno que el hombre esté solo; voy a darle una ayuda semejante a él* (Gn 2, 18). Y Dios creó a la mujer, quien se llamó Eva, que quiere decir madre de los vivientes.

Los textos de la Biblia no tratan de darnos una explicación científica de cómo fueron hechos Adán y Eva, sino de algo mucho más profundo: el hombre y la mujer han sido creados directamente por Dios el uno para el otro.

➡ Consulta los n.os 369, 371 y 372 del Catecismo de la Iglesia Católica y haz un esquema con las ideas principales que contienen.

VOCABULARIO

Eterno: que no tiene origen ni tendrá fin.

Creación: el conjunto de todas las cosas creadas por Dios.

3. ¿QUÉ NOS ENSEÑA LA BIBLIA SOBRE EL SER HUMANO?

Nos preguntamos

¿Fue barro o un animal lo que Dios tomó para crear el cuerpo humano? ¿Recuerdas lo que enseñan las teorías de la evolución que has estudiado en Ciencias de la Naturaleza?

3.1. EL CUERPO Y EL ALMA

a) El cuerpo humano:

Según enseña el libro del Génesis, Dios modeló el cuerpo de Adán de la *arcilla del suelo* o del *barro de la tierra* (Gn 2, 7). El texto sagrado parece indicar con estas palabras e imágenes que para la creación del cuerpo humano Dios se sirvió de algo material que ya había creado.

El cuerpo nos ha sido dado por Dios a través de nuestros padres. De ellos procede una importante herencia genética, buena parte del modo de ser y algunos rasgos físicos de cada persona. Pero en su origen último el cuerpo humano es obra de la creación de Dios.

+ Dignidad del cuerpo humano

Comentar este texto: «No debe el hombre menospreciar la vida corporal, sino que, al contrario, tiene que considerar su cuerpo como algo bueno y digno de respeto, puesto que ha sido creado por Dios y resucitará el último día» (GS, n.º 14).

➡ ¿Qué significa que nuestro cuerpo es algo bueno y digno de respeto? ¿Cómo se puede y se debe manifestar ese respeto hacia el cuerpo humano?

b) El alma humana:

Dios vivificó el cuerpo de Adán y Eva con un soplo vital muy especial, un *aliento de vida* (Gn 2, 7). A partir de ese soplo el cuerpo de Adán fue *animado* por un **alma** infundida directamente por Dios. Y el de Eva lo mismo. En el momento de la concepción todo cuerpo humano es animado por su alma.

«La Iglesia enseña que cada alma espiritual es creada directamente por Dios –no es *producida* por los padres–, y que es inmortal: no perece con la muerte y se unirá de nuevo al cuerpo en la resurrección final» (CIC, n.º 366).

c) Unión sustancial de cuerpo y alma:

Alma y cuerpo no son dos cosas separadas, como el jinete y el caballo. No somos un alma que tiene un cuerpo, **somos una unidad de alma y cuerpo,** pues el alma y el cuerpo forman una estrecha y perfecta unidad.

9. Comenta estas palabras de Juan Pablo II: «El hombre tiene espíritu, inteligencia, voluntad libre, conciencia; por eso se asemeja más a Dios que al mundo creado».

10. Explica el sentido de esta frase: «Nos creaste, Señor, para Ti, y nuestro corazón está inquieto hasta que encuentre su descanso en Ti» (san Agustín).

3.2. LA DIGNIDAD DE LA PERSONA HUMANA

¿Hay algún mineral, vegetal o animal que supere al ser humano en dignidad? Ninguno se le puede comparar por hermoso y noble que sea. La dignidad de cada ser humano tiene un primer fundamento: haber sido creado «a imagen y semejanza de Dios». Esta dignidad está muy por encima de todos los demás seres de la tierra.

La Biblia nos enseña que, después de haber creado Dios los astros y poblado la tierra con vegetales y animales, dijo: *–Hagamos al hombre a nuestra imagen y semejanza. Y creó Dios al hombre a su imagen: a imagen de Dios lo creó; varón y mujer los creó* (Gn 1, 26-27).

¿En dónde radica esa «imagen y semejanza»? Ante todo en la dimensión espiritual del hombre y de la mujer: en que Dios ha dado a cada uno un espíritu o alma, por la que el ser humano goza de inteligencia y de libertad, puede conocer a Dios y amarle en este mundo y en la vida eterna.

La **dignidad*** de nuestros primeros padres en el Paraíso fue realmente extraordinaria; no solo por su naturaleza humana, que ya era dignísima, sino porque Dios además les concedió gratuitamente un **estado de santidad y de justicia original.** Esta **gracia** de la santidad original era una «participación en la vida divina», por la que no solo eran «amigos de Dios», sino «hijos de Dios» (CIC, n.º 375). Ahí radicaba su mayor dignidad, que, como es explicado en la siguiente unidad, perdieron por el pecado.

11. Enseña Juan Pablo II que proteger y defender la dignidad de toda persona «es parte integrante de la vida de todo creyente», puesto que esta dignidad «proviene de Dios, Creador de todos». ¿De qué modos se atenta hoy contra la dignidad de la persona humana? Señala algunos de esos atentados.

12. ¿En qué consiste la máxima dignidad que Dios otorgó a nuestros primeros padres? Explícalo.

ENSEÑA SAN JUAN CRISÓSTOMO

«Es el ser humano, grande y admirable, más precioso a los ojos de Dios que la creación entera. Para él existen el cielo y la tierra y el mar y la totalidad de la creación. Y Dios ha dado tanta importancia a su salvación que no ha perdonado a su Hijo único por él. Porque Dios no ha cesado de hacer todo lo posible para que el hombre subiera hasta Él y se sentara a su derecha.»

➡ Analiza el texto de san Juan Crisóstomo. ¿Por qué el ser humano es «más precioso a los ojos de Dios que la creación entera»? ¿Qué ha hecho Dios por los hombres?

VOCABULARIO

Dignidad: aquello que corresponde al mérito o condición de una persona.

? Nos preguntamos

¿Sabes hace cuántos millones de años que desaparecieron los dinosaurios de la tierra? ¿Y sabías que los restos humanos más antiguos de Europa los tenemos en Atapuerca (Burgos) y tienen unos 800 000 años de antigüedad? Las geniales pinturas de las cuevas de Altamira se remontan a hace unos 15 000 años.

+ La unión del hombre y de la mujer

La unión del hombre y de la mujer en el matrimonio es de un gran valor para toda la Humanidad.

En el matrimonio instituido por Dios en el Paraíso terrenal está la base y fundamento de la familia y de la sociedad. Los esposos participan del poder creador de Dios, cosa que no sucede en otro tipo de uniones. Por eso, el matrimonio legítimamente constituido entre un hombre y una mujer es un gran bien para la sociedad y para toda la Humanidad.

➡ Realiza una exposición de todas las razones que se puedan aportar para mostrar que el matrimonio legítimamente constituido entre un hombre y una mujer representa un gran bien para toda la sociedad.

4. EL SER HUMANO COLABORADOR DE DIOS

Dios ha confiado al hombre y a la mujer dos grandes responsabilidades o encargos:

a) Transmitir la vida.
b) Dominar la tierra y transformarla con su trabajo.

4.1. TRANSMITIR LA VIDA

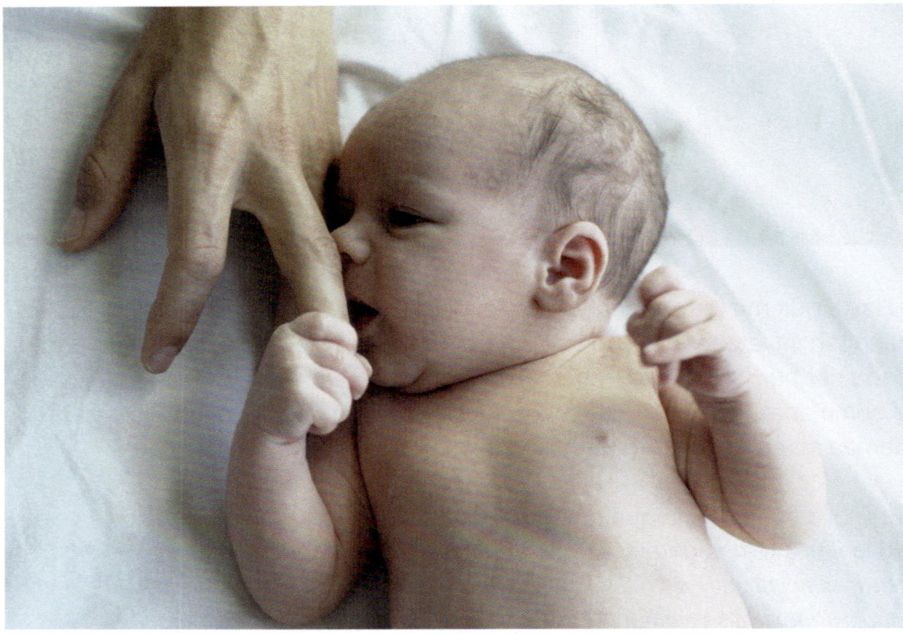

Dios dio al hombre y a la mujer la capacidad de colaborar con Él en la creación procreando nuevas vidas humanas. Dios dio este mandato a nuestros primeros padres: *Creced, multiplicaos y llenad la tierra* (Gn 1, 28). Según el plan de Dios, esta misión la realizan el hombre y la mujer en el **matrimonio*.** *Por eso, dejará el hombre a su padre y a su madre y se unirá a su mujer y serán una sola carne* (Gn 2, 24).

Dios creó la diferenciación de los sexos, haciendo al hombre y a la mujer de tal manera que pueden engendrar nuevas vidas humanas. Es un honor y una gran responsabilidad del hombre y de la mujer, unidos en matrimonio, procrear hijos, educarlos y constituir una familia donde se conoce y se ama a Dios y donde se aprende a respetar y amar a los demás.

13. Explica el significado de los textos del Génesis que se citan en este apartado (Gn 1, 28 y 2, 24).

14. ¿Es el matrimonio un invento humano? Argumenta la importancia del matrimonio en el plan creador de Dios.

4.2. TRABAJAR LA TIERRA

El Señor y Creador, al llamar al hombre y a la mujer a *dominar la tierra* (Gn 1, 28), les encomendó también **hacer de esta tierra una morada más digna del hombre.** Con nuestra inteligencia e imaginación, con nuestro trabajo y voluntad perseverante podemos mejorar la naturaleza, transformar sus elementos, lograr nuevos inventos para que las condiciones de vida en la Tierra sean verdaderamente humanas para todos los hombres y mujeres.

El trabajo no es castigo, sino señal de la dignidad del hombre. Un animal no puede «trabajar»; lo suyo es hacer tan solo esfuerzo físico. Únicamente el hombre es capaz de un trabajo «creativo», inteligente, que mejore el mundo, y le perfeccione y santifique a él mismo sirviendo a Dios y a los demás, en especial a los más necesitados.

4.3. EL TRABAJO HUMANO AYUDA AL BIEN DE LA CREACIÓN

El Concilio Vaticano II ha enseñado esta doctrina revelada en la Biblia con las siguientes palabras:

«Creado el hombre a imagen y semejanza de Dios, recibió el mandato de gobernar el mundo (...) y de orientar a Dios la propia persona y el universo entero. Esta enseñanza vale igual para los quehaceres ordinarios. Porque los hombres y las mujeres que, mientras procuran el sustento para sí y su familia, con razón pueden pensar que con su trabajo desarrollan la obra del Creador y sirven al bien de sus hermanos...» (GS, 34).

NATURALEZA Y CREACIÓN

La Biblia presenta la naturaleza como un don de Dios a los hombres, pero también como una tarea que les es confiada: han de usar los recursos de la naturaleza, cultivarla, etc., pero siempre respetándola, sin destruirla.

Por esa razón se deben cumplir unas normas para evitar la polución del agua o del aire, las radiaciones atómicas, la destrucción de la biosfera, la extinción de especies de animales, etc.

➡ Expón otros ejemplos de actividades o técnicas humanas que resultan un atentado contra la ecología ambiental y humana.

15. Interpreta el sentido de estas frases: a) *Tomó Dios al hombre y lo puso en el jardín del Edén para que lo trabajara* (Gn 2, 15); b) El trabajo no es castigo sino señal de la dignidad del hombre.

16. Pon algunos ejemplos de trabajos humanos que son un claro servicio a la sociedad. ¿De qué manera un/una joven como tú puede prepararse para servir a la sociedad?

VOCABULARIO

Matrimonio: unión indisoluble y abierta a la procreación entre un hombre y una mujer con el fin de formar una familia.

SÍNTESIS

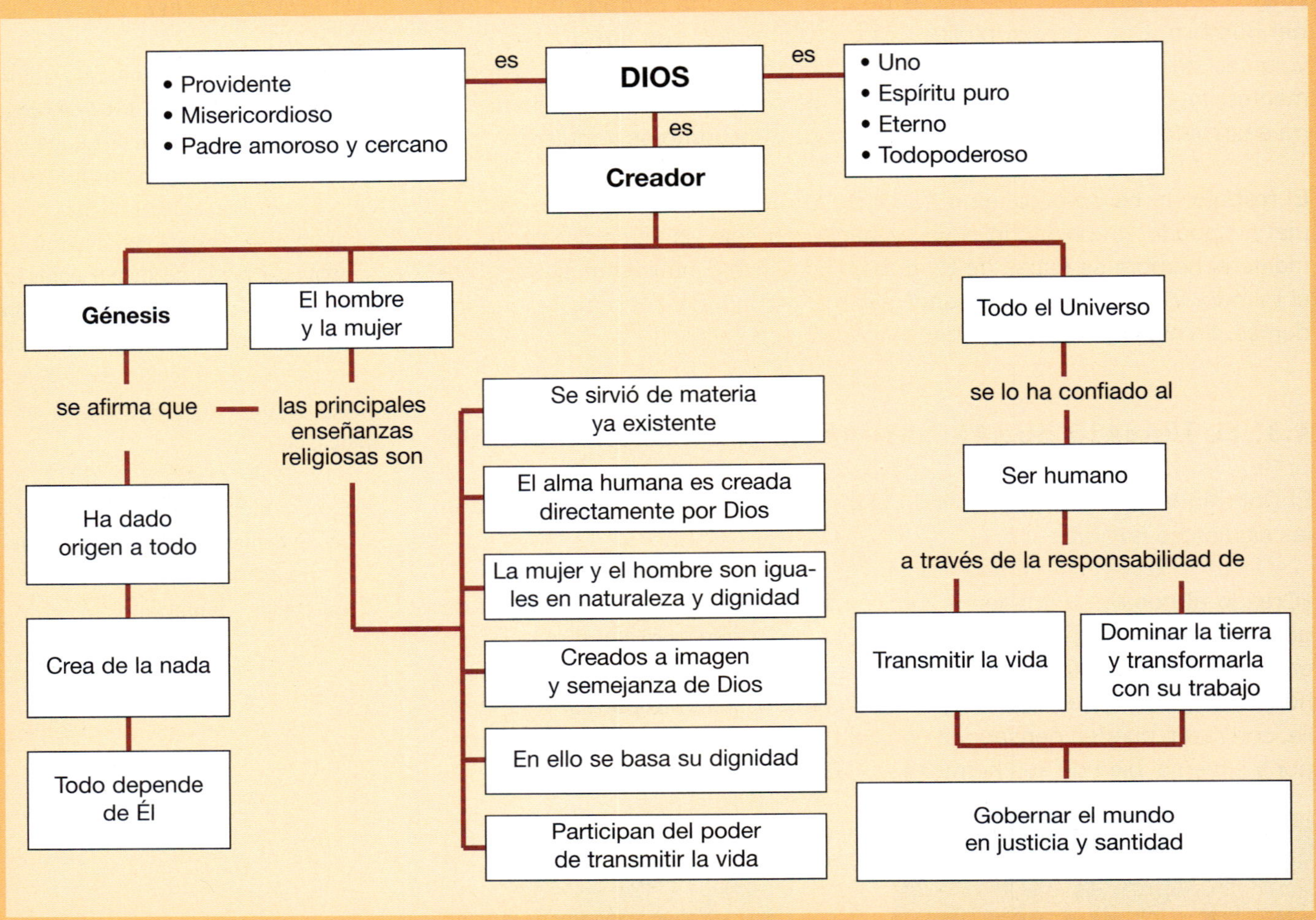

1. La razón humana puede conocer la existencia de Dios a partir de las cosas creadas.
2. La Biblia nos muestra que Dios es Uno, Espíritu puro, Todopoderoso, Eterno, Providente, Misericordioso y Padre.
3. Solo Dios es Creador en sentido absoluto; es decir solo Él puede crear de la nada.
4. La Biblia relata por dos veces la creación del hombre y de la mujer:
   a) El primer relato dice así: *Dijo Dios: Hagamos al hombre a nuestra imagen y semejanza. Y creó Dios al hombre a su imagen: a imagen de Dios lo creó; varón y mujer los creó* (Gn 1, 26-27).
   b) El segundo relato dice: *El Señor Dios modeló al hombre de arcilla del suelo, sopló en su nariz un aliento de vida y el hombre se convirtió en ser vivo* (Gn 2, 7).
5. Las principales enseñanzas religiosas que Dios nos transmite en estos textos de la Biblia son las siguientes:
   a) Dios creó al hombre a partir de una materia ya existente, del «polvo de la tierra».
   b) Dios le infundió directamente el alma.
   c) La mujer y el hombre tienen la misma naturaleza y dignidad.
   d) El hombre y la mujer son imagen y semejanza de Dios.
   e) Todos los seres humanos tienen a los ojos de Dios la misma dignidad.
6. Dios ha confiado al hombre y a la mujer dos grandes responsabilidades:
   a) Transmitir la vida.
   b) Dominar la tierra y mejorarla con su trabajo.

ACTIVIDADES

DE EVALUACIÓN

1. Anota las frases verdaderas y rectifica las falsas:
   a) Dios, por ser eterno, ha dado origen a todo lo que existe.
   b) El hombre también puede crear cosas de la nada.
   c) La Biblia enseña científicamente cómo fue la creación del mundo.
   d) El alma la heredamos de nuestros padres.
   e) Solo Dios es creador en sentido absoluto.

2. Completa estas frases de la Biblia:
   a) *Hagamos al hombre a nuestra...*
   b) *Formó Dios al hombre del...*
   c) *Y le inspiró...*
   d) *En el principio creó Dios el cielo...*
   e) *Y se dijo Dios: No es bueno que...*

3. Relaciona significados:

a) Cuerpo del hombre	1. Dominar la tierra
b) El hombre es	2. Creada directamente por Dios
c) El alma humana	3. Imagen y semejanza de Dios
d) El ser humano debe	4. Del polvo de la tierra

4. Señala y corrige las frases erróneas:
   a) La Iglesia rechaza que el alma proceda de la materia.
   b) El hombre es superior a la mujer.
   c) La mujer es más digna de respeto que el varón.
   d) La grandeza de la dignidad humana corresponde a toda persona humana.

5. ¿Qué enseñanzas religiosas transmite el Génesis?

6. Explica, a partir de los textos del Génesis, el significado de estas dos tareas que Dios ha confiado al varón y a la mujer:
   a) Transmitir la vida
   b) Dominar la tierra y mejorarla con su trabajo.

7. Reflexiona sobre el modo cómo ejercen los seres humanos el mandato de Dios de «dominar la tierra». Haz dos listas:
   a) Aspectos positivos del dominio del hombre sobre la tierra.
   b) Aspectos negativos de este dominio.

DE REFUERZO

1. Explica qué diferencias hay entre «crear» y «fabricar» una cosa.

2. A Dios le podemos conocer:
   a) A partir de la música clásica
   b) A partir de la grandeza del universo y de las cosas creadas
   c) A partir de las fábulas y de las mitologías

3. Relaciona. Dios es:

a) Único	1. *La misericordia del Señor llena la tierra*, dice el Salmo 33.
b) Espíritu puro	2. *Tú existes, ¡oh Dios!, desde la eternidad y para siempre.*
c) Eterno	3. *Escucha Israel: el Señor nuestro Dios es el único Señor.*
d) Todopoderoso	4. *No abandona Dios a su pueblo, no desampara su heredad.*
e) Providente	5. Vela por el bien de las criaturas, en especial del hombre.
f) Misericordioso	6. *Santo, Santo, Santo... ¡Llena está la tierra tu gloria!*
g) Santo	7. Todo lo puede.

4. Haz un esquema con las principales enseñanzas del Génesis sobre la creación del varón y de la mujer.

5. Entre las frases siguientes hay tres que expresan mejor que las demás que hemos sido creados «a imagen y semejanza de Dios». Anótalas en tu cuaderno y explica su significado:
   a) Tener inteligencia y libertad
   b) Tener un cuerpo fuerte y resistente.
   c) Poseer una fuerte personalidad.
   d) Poder amar a los demás y hacer el bien.
   e) Vivir en gracia de Dios o recobrar la gracia si la habíamos perdido.

6. ¿Verdadero o falso?
   a) El matrimonio es un invento humano.
   b) Dios creó la diferenciación de sexos.
   c) El matrimonio ha sido instituido por Dios.
   d) Dios ha dado al ser humano el poder de transmitir la vida.

PARA SABER MÁS

LA ACTIVIDAD HUMANA Y EL PROGRESO

El ser humano con su actividad construye puentes para que puedan atravesarse los ríos, buques que surcan los mares, aviones que facilitan las comunicaciones entre ciudades alejadas, satélites y antenas que pueden llevar información y cultura a lugares lejanos...

Todo esto y mucho más es lo que puede hacer el hombre gracias a la inteligencia que Dios le ha dado, gracias a la cual es capaz de descubrir las leyes que rigen la materia y dominarla con su trabajo creador.

El papa Pablo VI escribió su encíclica *Populorum progressio* para iluminar las inteligencias sobre el verdadero sentido del progreso humano. De ella son las siguientes ideas:

1. El desarrollo y el progreso no se reducen al simple crecimiento económico. Para ser auténtico, ha de ser integral; es decir, deberá promover integralmente todas las dimensiones de la persona y alcanzar a todos los hombres que pueblan la Tierra.
2. Cada persona está llamada por Dios a promover su propio progreso y el de la sociedad; es decir a esforzarse por ser mejor persona y contribuir al progreso y desarrollo de la sociedad en la medida de sus fuerzas y posibilidades.
3. El progreso cristiano consiste en lograr condiciones de vida cada vez más justas y humanas, según los planes de Dios (PP, 20 y 21).

Para los creyentes, los descubrimientos de la ciencia –usados con rectitud– son un signo de la presencia y de la grandeza del amor creador de Dios.

+

La dignidad del trabajo

El Concilio Vaticano II enseña que el trabajo del hombre –siempre que sea un trabajo honrado– posee una gran dignidad, pues los seres humanos mediante su trabajo, colaboran con Dios en la obra de la creación y contribuyen al progreso y desarrollo de la familia y de la sociedad. El trabajo humano, sea el que sea, debe ser realizado con espíritu de servicio hacia los demás y con la mayor perfección posible (GS, n.º 34).

1. Comenta el sentido de esta frase: «El desarrollo y el progreso no se reducen al simple crecimiento económico».
2. ¿Conoces algunas iniciativas que realizan proyectos de ayuda a países o sectores más necesitados?
3. Piensa en dos o tres tipos de trabajos. Indica cómo pueden ser desarrollados con espíritu de servicio hacia los demás y cómo no.

ACTIVIDAD FINAL

Observa con atención la fotografía de abajo. Para hacer realidad esta habitación han tenido que intervenir muchas personas con su trabajo.

Por ejemplo, como ves en los dibujos, alguien ha extraído el material para hacer el cemento; alguien ha conducido un camión para acercar el cemento a la obra; alguien ha colocado los ladrillos para construir las paredes.

1. Piensa en otras «cadenas» de trabajos que han intervenido en la realización de esta habitación y de lo que hay en ella y escríbelas.

2. Redacta una breve reflexión sobre la relación de los distintos trabajos entre sí y el resultado final al servicio del usuario de esta habitación. Razona la importancia de realizar esos trabajos con perfección y con espíritu de servicio.

3. Explica qué pasaría si algunos de esos trabajos no hubieran sido hechos bien o si no hubieran sido realizados a tiempo.

4. Ahora piensa y escribe:
   a) ¿Cuál es tu trabajo?
   b) ¿Qué consecuencias tiene tu trabajo –a corto y a largo plazo– respecto a los demás?
   c) ¿Qué pasaría si ese trabajo no lo hicieras bien?

5. Descubre algo concreto y cercano a ti que sea el resultado de un trabajo bien hecho y algo que sea el resultado de un trabajo mal hecho. Escribe de qué se trata y explica brevemente qué ha ocurrido.

6. En relación al propio trabajador, ¿qué consecuencias tiene trabajar bien o trabajar mal?

7. Ahora lee estos textos y completa lo que has escrito hasta ahora haciendo un razonamiento sobre la visión cristiana del trabajo.
   - *Creced, multiplicaos, llenad la tierra y sometedla; dominad sobre los peces del mar, las aves del cielo y todos los animales que reptan por la tierra* (Gn 1, 28).
   - *El Señor Dios tomó al hombre y lo colocó en el jardín de Edén para que lo trabajara y lo guardara* (Gn 2, 15).
   - *Los hombres y las mujeres que, mientras procuran el sustento para sí y su familia, realizan su trabajo de forma que resulte provechoso y en servicio de la sociedad, con razón pueden pensar que con su trabajo desarrollan la obra del Creador, sirven al bien de sus hermanos y contribuyen de modo personal a que se cumplan los designios de Dios en la historia* (GS, n.º 34).

4 LA HUMANIDAD SE APARTA DE DIOS

Pondré enemistad entre ti y la mujer,
entre tu descendencia y la suya;
ella te pisará la cabeza,
mientras tú le herirás en el talón.

(Gn 3, 15)

Esquema de la unidad

1. El primer pecado de la Humanidad	El relato del Génesis y la primera promesa
	La gravedad del primer pecado
2. Las consecuencias del primer pecado	Las consecuencias para nuestros primeros padres
	Las consecuencias para cada uno de nosotros
3. El misterio del mal	El pecado es causa de muchos males
	El sentido del sufrimiento
4. ¿Por qué Dios permite el mal?	

Reflexionamos y comentamos

Muchas veces nos hemos preguntado: ¿Cómo es posible que el pecado de nuestros primeros padres se haya transmitido a cada uno de nosotros? ¿Qué tenemos que ver nosotros con ellos y con su pecado?

Quizás puedas entender un poco este gran misterio si piensas en un rey muy poderoso que concede a una familia un título nobiliario, con la condición de que el cabeza de familia no se haga indigno de ese honor. ¿Quién puede protestar si, después de una gravísima ingratitud de ese cabeza de familia, el rey retira el título nobiliario a toda la familia?

Dialogamos

- ¿Descubres alguna relación entre el relato anterior y los efectos del pecado original?

1. EL PRIMER PECADO DE LA HUMANIDAD

1.1. EL RELATO DEL GÉNESIS

En el capitulo 3 del Génesis encontramos la clave de la aparición del mal en el mundo. El relato de la caída de nuestros primeros padres «utiliza un lenguaje hecho de imágenes, pero afirma un acontecimiento primordial, un hecho que tuvo lugar al comienzo de la historia del hombre» (CIC, n.° 390).

Junto a la primera pareja humana, aparece un ser sorprendente, el **demonio***, que el texto bíblico muestra en forma de serpiente.

Veamos las imágenes que utiliza el autor del Génesis para analizar luego su enseñanza: Dios había ordenado a Adán y a Eva que no comieran del árbol que estaba plantado en el centro del Paraíso –el árbol de la ciencia del bien y del mal–, pues si comían de él morirían. Pero Satanás les asegura a Adán y Eva que serán felices si desobedecen a Dios: *–No, no moriréis. Dios sabe que, en el momento en que comáis, se abrirán vuestros ojos y seréis como Dios, conocedores del bien y del mal. La mujer se dio cuenta entonces de que el árbol era bueno para comer, hermoso de ver y deseable para adquirir sabiduría. Ante tal tentación, la mujer tomó de su fruto y comió, y se lo dio también a su marido, que también comió* (Gn 3, 4-6).

Inmediatamente aparecen las consecuencias: *Entonces se les abrieron los ojos, se dieron cuenta de que estaban desnudos, entrelazaron hojas de higuera y se cubrieron. Y trataron de esconderse de la presencia de Dios.*

Entonces Dios dijo a la **serpiente:** *–Por haber hecho esto, serás maldita entre todos los animales del campo. Pondré enemistad entre ti y la mujer, entre tu descendencia y la suya; ella te pisará la cabeza, mientras que tú le herirás en el talón.*

A la **mujer** le dijo: *Parirás tus hijos con dolor.* Y al **hombre** le dijo: *–Con fatiga comerás de los frutos de la tierra. Comerás el pan con el sudor de tu frente, hasta que vuelvas a la tierra de la que fuiste formado, porque polvo eres y al polvo volverás* (Gn 3, 14-19).

El pecado original *(detalle), Miguel Ángel.*

1. Lee despacio el relato del Génesis y contesta: ¿Qué significa que es un relato «hecho de imágenes»? ¿Cuál es la frase clave en la tentación del demonio?

2. ¿Tenían libertad para decir que sí o que no a la tentación del demonio? ¿Eran responsables de sus actos?

? NOS PREGUNTAMOS

En el Paraíso había felicidad y familiaridad con Dios. Esa armonía constituía el estado llamado de «justicia original», es decir, de santidad. Pero las cosas han cambiado mucho desde entonces. ¿Por qué ahora existe tanto dolor y sufrimiento? ¿Por qué muchos hombres se odian, hay guerras y tantos hombres, mujeres y niños inocentes mueren de forma violenta? ¿Y por qué también dentro de nosotros mismos descubrimos el mal, la envidia o el rencor?

+ EL DEMONIO

«El mal que existe en el mundo es el resultado de la intervención en nosotros y en nuestra sociedad de un agente oscuro y enemigo, el demonio. El mal es un ser vivo, espiritual, pervertido y pervertidor. Se sale del marco de la enseñanza bíblica y eclesiástica todo aquel que rehúsa reconocer esta realidad como existente. El demonio es nuestro enemigo número uno, es el tentador por excelencia» (Pablo VI).

➡ Lee las palabras de Pablo VI sobre el demonio. ¿Cómo actúa en nuestros días? ¿Quién es más fuerte que el demonio?

1.2. GRAVEDAD DEL PRIMER PECADO

Dios había dado un mandamiento a nuestros primeros padres: *Del fruto del árbol de la ciencia del bien y del mal no comas, porque el día que comas de él morirás* (Gn 2, 17). Fue un mandato tan fuerte y tan grave que de él dependía la vida o la muerte de ellos y de sus descendientes. Nuestros primeros padres fueron infieles a Dios porque al ser tentados por el demonio:

- Prefirieron obedecer a este y seguir sus consejos, antes que obedecer el mandato de Dios.
- Quisieron independizarse de Dios y romper los lazos de amistad y filiación que les unían a Él.
- Cometieron un pecado de enorme soberbia y ambición, pues desearon ser tan grandes como el mismo Dios –*seréis como Dios*–.

Este acontecimiento fue una verdadera rebelión contra el plan creador de Dios. El pecado de Adán y Eva es mostrado en la Biblia como el primer pecado, *raíz y origen de todos los pecados* que desde ese momento fueron muy numerosos, afectando a todos los hombres. Por eso a este pecado se le llama **pecado original*** porque es el origen de todos los demás pecados.

1.3. LA PROMESA DEL SALVADOR

Ya desde el Paraíso Dios se compadeció de la Humanidad y prometió enviar al mundo un Salvador: –*Pondré enemistad entre ti y la mujer, entre tu descendencia y la suya. Ella te pisará la cabeza, mientras que tú herirás su talón* (Gn 3, 14-15). Esta es la primera promesa del **Redentor*,** descendiente de esa mujer anunciada por Dios en el Paraíso: la Virgen María (CIC, n.º 410).

La Anunciación,
de Fra Angélico, s. XV.

3. Razona en qué consistió el pecado de nuestros primeros padres. ¿Por qué fue tan grave ese pecado?

4. Piensa y contesta: ¿Cómo se llama a ese primer pecado? ¿Quién es la «descendencia» de la mujer que Dios anunció en el Paraíso? ¿Qué significa «pisar la cabeza» y «herir su talón»?

¿QUÉ ES LA TENTACIÓN?

La **tentación** es la sugerencia que percibimos para hacer el mal y apartarnos de Dios, al desobedecer sus mandamientos.

Aunque las tentaciones proceden de la inclinación al mal e incitan a pecar, padecerlas no es malo si no se consienten. Quien vence a la tentación hace una obra meritoria para la vida eterna. Quien la acepta comete un pecado contra la Ley de Dios. Las tentaciones proceden del demonio, de nuestras malas inclinaciones o del mal ejemplo de los demás. Podemos vencer las tentaciones invocando la ayuda de Dios.

➡ En la tentación, ¿es lo mismo «sentir» que «consentir»? ¿Qué diferencias hay entre una cosa y la otra?

VOCABULARIO

Demonio: es un ángel que se rebeló contra Dios arrastrando a otros muchos. Ahora trata de perder a los hombres.

Pecado original: aquel con el que todos nacemos, heredado de nuestros primeros padres.

Redentor: es Jesucristo, que llevó a cabo la salvación y la redención de los seres humanos.

2. LAS CONSECUENCIAS DEL PRIMER PECADO

2.1. LAS CONSECUENCIAS PARA NUESTROS PRIMEROS PADRES

La Biblia relata que después de su **pecado*** Adán y Eva fueron expulsados del Paraíso (Gn 3, 23-24). Esta imagen muestra que la situación de santidad y felicidad en que fueron creados nuestros primeros padres se transformó, por el pecado original, en otra bien distinta:

- Perdieron la amistad de Dios y quedaron privados de la gracia santificante,
- Quedaron privados del don de la inmortalidad,
- Quedaron sujetos a la fatiga y al dolor.

2.2. LAS CONSECUENCIAS PARA CADA UNO DE NOSOTROS

Los padres transmiten sus bienes a sus hijos: dinero, tierras, casas... Pero si un padre los ha perdido, sus hijos también los pierden. Nosotros al nacer recibimos la naturaleza humana herida por ese pecado, privada de la santidad y justicia originales. Esta privación es llamada «pecado original». Es un pecado «contraído», no «cometido»; es un estado y no un acto (CIC, n.º 404).

Esto es lo que nos ha ocurrido a los descendientes de Adán y Eva:

- Ellos perdieron el bien de la gracia y por ello todos nacemos con el pecado original.
- Ellos perdieron el don de la inmortalidad y nos transmitieron una naturaleza mortal.
- Ellos perdieron el don de la impasibilidad y nos transmitieron una naturaleza debilitada, sujeta al cansancio y a la enfermedad.

5. Lee en la Biblia, Génesis 3, 16-19, e interpreta su significado.

6. ¿Cómo explicarías a alguien que no la conoce la doctrina sobre el pecado original y sus consecuencias para nuestros primeros padres y para sus descendientes?

Nos preguntamos

En ocasiones las decisiones de unas pocas personas afectan a muchísimas personas.

Es, por ejemplo, el caso del uso de un arma biológica que perjudica a la salud de miles de personas. ¿Podrías poner otros ejemplos de decisiones personales que han causado o pueden causar graves daños a una colectividad humana?

La experiencia de san Pablo

Sé que en mí, es decir, en mi carne, no habita el bien; pues querer el bien está a mi alcance, pero ponerlo por obra no. Porque no hago el bien que quiero, sino el mal que no quiero. (..) ¡Infeliz de mí! ¿Quién me librará de este cuerpo de muerte...? Gracias sean dadas a Dios por Jesucristo Señor nuestro... (Rm 7, 18-25).

➡ ¿Por qué los hombres experimentamos una lucha en nuestro interior? ¿Cuándo acabará esa lucha? ¿Cuáles son los medios para vencer las tentaciones?

2.3. LA VICTORIA DE JESUCRISTO SOBRE EL PECADO

Sin embargo, Dios Padre, inmediatamente después del pecado de Adán y Eva, anunció su plan para la salvación de los hombres: enviaría a su Hijo al mundo para salvarnos del pecado y de la muerte eterna.

Jesús, el Hijo eterno de Dios, se hizo hombre para redimirnos del pecado original y de todos los pecados personales.

La salvación de Jesucristo se nos aplica por el **Bautismo*,** que nos hace hijos de Dios y nos devuelve la vida de la gracia que habíamos perdido. Desde el Bautismo estamos llamados a la santidad y somos herederos del cielo.

«El Bautismo no solamente nos purifica de todos los pecados, hace también del recién bautizado una nueva criatura, un hijo adoptivo de Dios que ha sido hecho partícipe de la naturaleza divina, miembro de Cristo, coheredero con Él y templo del Espíritu Santo» (CIC, n.º 1.265).

De este modo Jesucristo ha rectificado el mal causado por el pecado de nuestros primeros padres. El Hijo de Dios se hizo hombre, para que el hombre se hiciera hijo de Dios.

Pantócrator, *mosaico del monasterio de Kykko, Chipre.*

7. ¿Qué papel juega el sacramento del Bautismo en relación con el pecado original?

8. ¿Qué otros efectos produce el sacramento del Bautismo? ¿Cuál te parece el más importante de todos ellos?

La Inmaculada Concepción

Dice el libro del Génesis: *Pondré enemistad entre ti y la mujer, entre tu descendencia y la suya; ella te pisará la cabeza, mientras que tú le herirás en el talón* (Gn 3, 15). Se promete en el Génesis que la descendencia de una mujer, de la estirpe de Eva, triunfará sobre el diablo.

➡ Reflexiona sobre este texto y responde: ¿Quién es esa mujer? ¿Y quién es su descendencia ? ¿Qué especiales privilegios concedió Dios a esa mujer en previsión de estos sucesos?

Inmaculada, *José Ribera.*

Vocabulario

Pecado: desobediencia voluntaria a la Ley de Dios.

Bautismo: sacramento que perdona el pecado original, hace al bautizado hijo de Dios y lo incorpora a la Iglesia.

Inmaculada Concepción: concebida «sin mácula», sin mancha. La Virgen María es la Inmaculada porque recibió de Dios la gracia de ser concebida limpia de la mancha del pecado original por haber sido elegida para ser la Madre de Dios.

3. EL MISTERIO DEL MAL

NOS PREGUNTAMOS

Todos los días la televisión nos informa de males y desgracias que suceden cotidianamente en el mundo: accidentes de tráfico, robos y asesinatos, niños inocentes que mueren como consecuencia de las guerras... Ante tantas calamidades muchas personas se preguntan: ¿cómo es posible que Dios permita estas cosas? ¿Es que Dios quiere el mal para nosotros?

MAL FÍSICO Y MAL MORAL

- El mal es un desorden físico o moral.
- El mal físico es el desorden que se produce en la relación entre las criaturas. Por ejemplo, los destrozos que produce un tornado o la gacela que muere bajo las garras de un león.
- El mal moral es el desorden del espíritu que produce la acción voluntaria de quien hace lo que no debe o no hace lo que debe. Es lo que se llama pecado.

➡ Añade otros ejemplos de males físicos y de males morales.

3.1. EL PECADO ES CAUSA DE MUCHOS MALES

La Biblia en los primeros capítulos –como ya hemos visto– nos enseña que, después del primer pecado, la Humanidad pasó de la plena felicidad en que había sido creada a una situación muy distinta.

Los siguientes capítulos del Génesis relatan cómo Caín mató por envidia a su hermano Abel y cómo fue creciendo la maldad entre los hombres. El ser humano, después del primer pecado, tiene la triste capacidad de hacer el mal, de hacer sufrir, **de usar mal su libertad.**

La **libertad*** es un don maravilloso que Dios nos ha dado. Pero la libertad puede usarse para bien o para mal; por ejemplo, para perdonar un mal recibido o para odiar al que nos hizo ese mal. Así ocurre, por ejemplo, con los sufrimientos que nacen de las enemistades y de las guerras; con el hambre que padecen muchos pueblos y que podría remediarse; con las muertes violentas ocasionadas injustamente por otros hombres, como es el caso del terrorismo; etc.

Atentado terrorista en Madrid el 11 de marzo de 2004.

9. ¿Qué significa que el pecado es un mal uso de la libertad? Pon algunos ejemplos para ilustrarlo.

10. Explica si el mal provocado por los siguientes hechos es de tipo físico o moral: un accidente de tráfico, la falta de preparación para un examen, el accidente que imprevisiblemente sufre una nave espacial o un ferrocarril, las «chapuzas» en el trabajo, la droga, el terrorismo...

3.2. EL SENTIDO DEL SUFRIMIENTO

Encuentro del actor C. Reeve con una víctima de un atentado en Tel Aviv (Israel).

Jesús nos enseñó que Dios es un Padre, que ama y cuida a sus hijos. Esto quiere decir que Dios nunca se desentiende de los hombres y que muchas veces, aunque no siempre lo podemos entender, Dios permite los males para sacar mayores bienes (CIC, n.º 412).

La Biblia nos transmite algunas enseñanzas acerca de los males que Dios permite:

a) Ante todo, hay que decir que esos males se nos presentan como algo misterioso, de manera que, pensando solo humanamente, no podemos entender del todo las razones por las que Dios los permite.

b) Esos males no son algo «absoluto» (por ejemplo, una enfermedad grave es un mal, pero solo relativo, ya que puede ayudar al enfermo a acercarse más a Dios y ganar el cielo).

c) Algunas veces los sufrimientos son ocasión para que el hombre reflexione, se convierta y cambie el rumbo de su vida.

d) Pero la razón última que ayuda a entender el misterio del dolor y del sufrimiento es la muerte de Jesús en la Cruz. Jesús nos salvó de las consecuencias del pecado. *Jesús es nuestro Redentor* porque nos ha redimido (rescatado) del poder del demonio, del pecado y de la muerte eterna pasando por el sufrimiento; desde entonces, el dolor tiene para el cristiano un valor redentor y salvador. Después de la Pasión vino la Resurrección (CIC, n.os 309-314).

11. Lee esta frase de santo Tomás Moro, escrita en una carta a su hija Margarita poco antes de su martirio, y explica su significado: «Nada puede pasarme que Dios no quiera. Y todo lo que Él quiere, por muy malo que nos parezca, es en realidad lo mejor.» ¿Creía Tomás Moro en la providencia divina?

12. Si Dios es nuestro Padre, ¿qué actitudes hemos de tener ante el pecado, la enfermedad y la muerte?

La providencia divina

La **providencia divina*** es el cuidado amoroso que Dios ejerce sobre sus criaturas y, en especial, sobre el hombre.

Jesús nos habló de la providencia divina y los evangelistas nos lo relatan: *–Mirad las aves del cielo cómo no siembran ni siegan, pero vuestro Padre celestial las alimenta. Contemplad los lirios del campo; ellos no labran ni tampoco trillan; sin embargo, ningún rey se vistió con tanto primor. Pues si Dios tiene tanto cuidado con las aves y las flores, ¡cuánto mayor lo tendrá con vosotros!* (Mt 6, 28).

➡ Cuenta algún caso que conozcas donde se vea que Dios permite un mal para sacar después mayores bienes.

Vocabulario

Libertad: capacidad que tiene el ser humano de obrar de una manera o de otra.

Providencia divina: cuidado amoroso que Dios ejerce sobre todas las criaturas, en especial sobre el ser humano.

SÍNTESIS

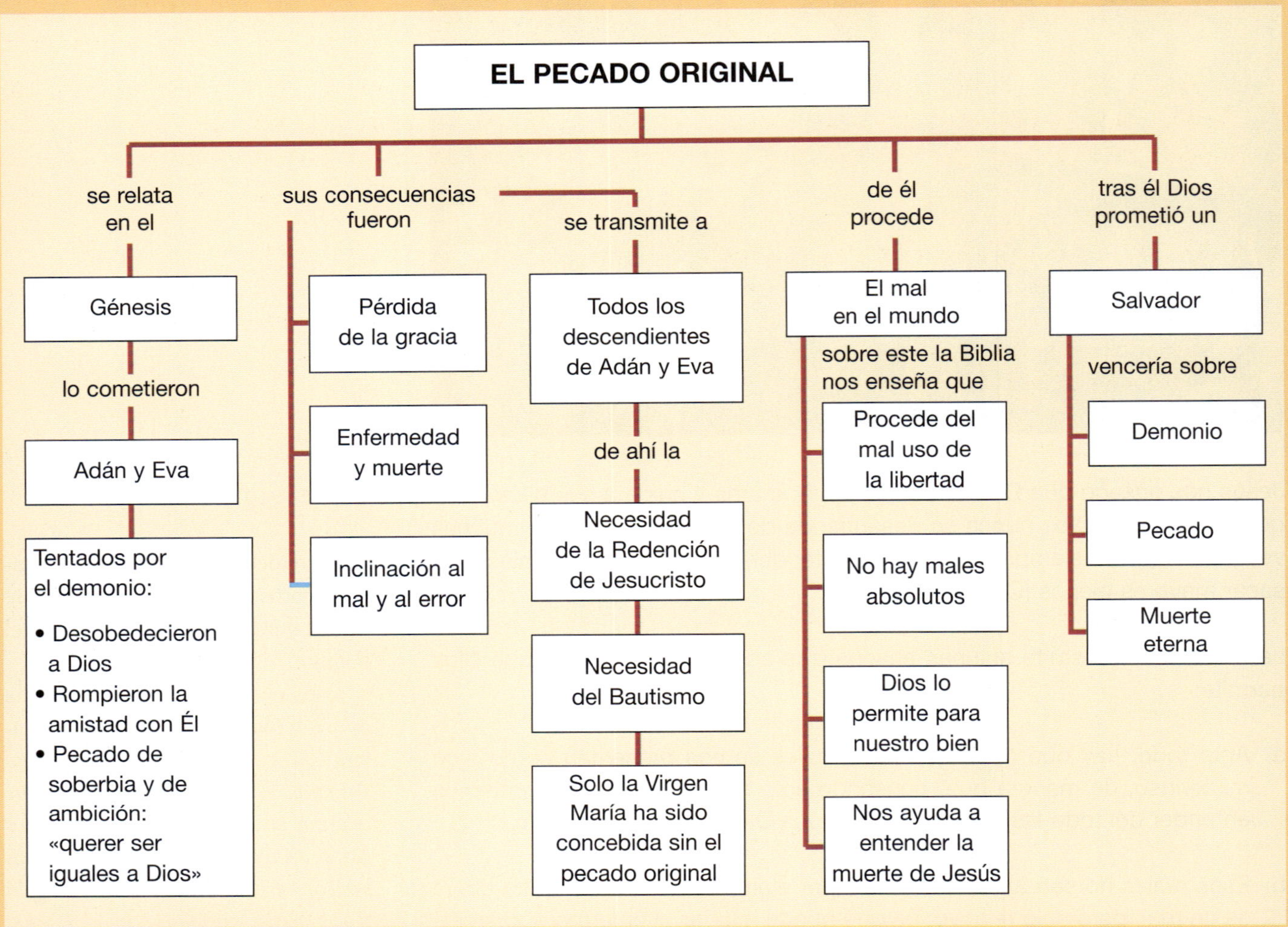

1. Nuestros primeros padres no fueron fieles a Dios porque, siendo libres, le desobedecieron para prestar su sumisión y obediencia al demonio, y cometieron así el primer pecado de la Humanidad, que se llama «pecado original».
2. El pecado original es raíz y origen de todos los demás pecados y ha afectado a todos los hombres.
3. Solamente una criatura, la Virgen María, ha sido llena de gracia (y, por tanto, libre del pecado original) desde el primer instante de su concepción, por especial privilegio de Dios, en previsión de que ella iba a ser la Madre del Salvador.
4. Dios Padre, inmediatamente después de la caída de nuestros primeros padres, anunció su plan para la salvación de los hombres. Jesucristo, el Hijo único de Dios, con su Muerte y su Resurrección nos ha redimido del pecado original y de todos los pecados personales.
5. La salvación de Jesucristo se nos aplica por el Bautismo, que nos hace hijos de Dios y nos devuelve la amistad divina y la esperanza de la herencia del Cielo.
6. El mal en el mundo es consecuencia del pecado. Jesucristo lo ha vencido definitivamente al redimirnos en la cruz venciendo en ella al demonio, al pecado y a la muerte eterna.
7. La Pasión de Cristo y su Resurrección nos ayudan a entender el sentido del sufrimiento, del dolor y de la muerte.

ACTIVIDADES

DE EVALUACIÓN

1. Completa esta frase: «El pecado original es el pecado cometido por .... que se transmite a todos los ...., excepto a ....»

2. Señala las frases verdaderas y rectifica las falsas:
a) El pecado original dañó solamente a Adán y Eva.
b) Los seres humanos, después del pecado original, sentimos la inclinación al mal.
c) El pecado original se quita con el sacramento de la Penitencia.
d) La Virgen María es Inmaculada, es decir, fue concebida sin pecado original.

3. Señala las frases verdaderas y rectifica las falsas:
a) Dios creó un mundo bueno.
b) El origen de que haya mal en el mundo está en el pecado.
c) Dios nunca permite el mal.

4. Explica los efectos del sacramento del Bautismo.

5. Razona por qué la enfermedad, la pobreza y la muerte no son males absolutos sino relativos.

6. Relaciona:

a) Pecado original	1. Sacramento que quita el pecado original.
b) Bautismo	2. Cuidado amoroso que Dios tiene de las criaturas.
c) Inmaculada Concepción	3. Ángel que se rebeló contra Dios.
d) Providencia divina	4. El pecado cometido por nuestros primeros padres.
e) Demonio	5. Limpia de todo pecado desde su concepción.

DE REFUERZO

1. Interpreta el significado de las palabras de Dios en el Paraíso: *Pondré enemistad entre ti y la mujer, entre tu descendencia y la suya. Ella te pisará la cabeza mientras que tú herirás su talón* (Gn 3, 15).

2. Enuncia y explica las consecuencias que tuvo el pecado original para nuestros primeros padres y para sus descendientes.

3. Explica qué quiere decir que el pecado es un mal uso de la libertad.

4. Analiza este texto y explica con palabras tuyas su significado: «El pecado mortal es el acto voluntario por el que el hombre desobedece gravemente a Dios y pierde la amistad con Él. Los demás males –enfermedades, pobreza, ignorancia– no son males en sentido absoluto. El pecado sí: hace malo al hombre y le aparta de su verdadera felicidad.»

5. Piensa y contesta: En el Padrenuestro pedimos a Dios que nos libre del mal, es decir, del «Maligno». ¿Quién es ese «Maligno»? ¿Qué mal puede hacernos? ¿Por qué? ¿Por qué no pedimos también a Dios en el Padrenuestro que nos libre del dolor y de los demás males?

6. Explica el sentido de estas palabras: «El Hijo de Dios se hizo hombre, para que el hombre se hiciera hijo de Dios».

7. Relaciona:

a) Demonio	Jesucristo
b) Redentor	Virgen María
c) Inmaculada	Nos quita el pecado original
d) Bautismo	Ángel rebelde contra Dios

PARA SABER MÁS

1. ¿POR QUÉ DIOS PERMITE EL MAL EN EL MUNDO?

Hay mucha gente que afirma no entender de manera alguna por qué Dios consiente que tantos niños sufran, por qué millones de seres humanos pasan hambre. Por qué Dios no arregla este mundo y por qué no lo hace de una vez, ya. No parece serio echar a Dios la culpa de todo lo que no va bien en este mundo. «Son los hombres –decía el escritor C. S. Lewis–, y no Dios, quienes han producido los instrumentos de tortura, los látigos, las prisiones, la esclavitud, los cañones, las bayonetas y las bombas. La mayoría de las veces debido a la avaricia o a la estupidez humana, y no a causa de la mezquindad de la naturaleza, sufrimos pobreza y agotador trabajo».

Escribe dos columnas de acciones: una de males y sufrimientos que se dan en el mundo causados por la maldad de los hombres; y otra paralela de remedios que los hombres podrían poner a dichos males.

2. ¿POR QUÉ DIOS NO NOS CAMBIA Y NOS HACE MEJORES Y MÁS SOLIDARIOS?

No es muy serio decir que Dios tiene que cambiarnos, cuando cambiar es el primero de nuestros deberes. Si Dios nos hubiera hecho incapaces de ser malos, ya no seríamos buenos en absoluto, puesto que seríamos marionetas obligadas a la bondad. La bondad humana es el resultado libre del esfuerzo de quien, pudiendo ser malo, no lo es. La libertad del hombre es un don de Dios que debe ejercitarse para buscar el bien y practicarlo y así hacer un mundo mejor.

Hacer el bien es difícil. ¿Qué medios –humanos y sobrenaturales– ha dejado Dios a los cristianos para que conozcan el bien y perseveren en practicarlo?

3. ¿QUÉ SENTIDO TIENE EL DOLOR Y EL SUFRIMIENTO PARA UN CRISTIANO?

Jesucristo, por medio de su Pasión y Muerte, nos enseña el sentido del dolor y del sufrimiento. Son el camino para llegar a la Resurrección. La razón última que ayuda a entender el significado misterioso del dolor y del sufrimiento es la Pasión de Cristo. La agonía de Jesús en el Huerto, su Muerte dolorosa en el Calvario y su Resurrección, muestran que **el dolor tiene un valor de salvación** y que el hombre, por medio del sufrimiento, puede asociarse a la pasión salvadora de Cristo y a su Resurrección. Cuando el cristiano lleva el dolor unido a Cristo recibe la salvación de Cristo, es «otro Cristo», y, por tanto, resucitará con Él.

Lee atentamente este apartado y aporta todas las razones que seas capaz de descubrir para explicar por qué el misterio del dolor solo encuentra explicación en la Pasión, Muerte y Resurrección de Jesucristo.

ACTIVIDAD FINAL

Te habrás dado cuenta de que en el Génesis se presenta al diablo en forma simbólica de serpiente.

El mal en el mundo y, por tanto, en nosotros, proviene de una de estas «serpientes» (pecados capitales): soberbia, avaricia, lujuria, ira, gula, envidia y pereza. Apúntalas en tu cuaderno.

LAS SIETE «SERPIENTES»

LOS SIETE ANTÍDOTOS

A continuación puedes encontrar la fórmula de siete antídotos (virtudes) que previenen el veneno de esas serpientes. Intenta descubrir qué antídoto previene la picadura de cada serpiente y anótalo también.

Preparado basado en compartir lo nuestro con Dios y con los demás; lleva a dar más de lo que en justicia se debe, incluso a darlo todo.

Preparado basado en conocimiento de Dios, de los demás y de uno mismo, por el que se reconocen los dones recibidos y los defectos, y lleva a confesarlos.

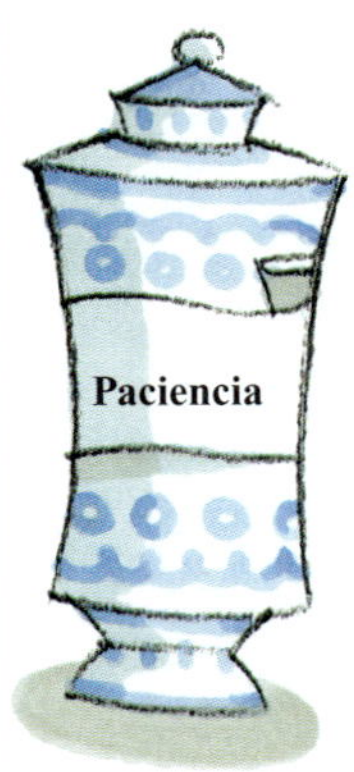

Preparado basado en serenidad ante las dificultades; facilita actuar con paz y evita excitaciones que provocan reacciones desmedidas.

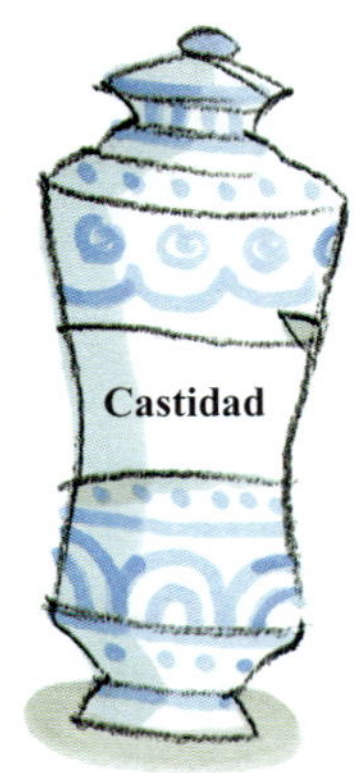

Preparado basado en respeto hacia uno mismo y hacia los demás en el aspecto sexual; posibilita mirar a los demás con ojos limpios y poder ver en ellos, no objetos de placer sino hijos de Dios.

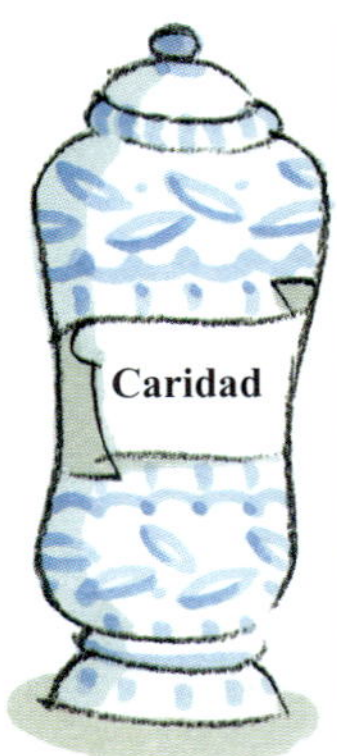

Preparado basado en buscar el bien de los demás y no el propio interés egoísta; facilita la hermandad entre los hombres y la ayuda a los más necesitados.

Preparado basado en orden y medida en todo (comida, bebida, trabajo, sueño); facilita la salud corporal y la espiritual.

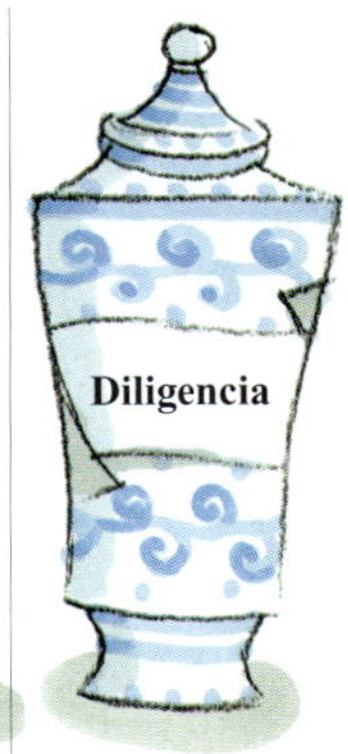

Preparado basado en agilidad para cumplir los propios deberes. Empezar y terminar las cosas en su momento quita futuros fastidios, y es un modo de contentar a los demás.

5 DIOS ANUNCIA AL SALVADOR

Mirad, el Rey viene,
el Señor de la tierra,
«Él romperá el yugo
de nuestra esclavitud.»

(Misa de la 2.ª semana de Adviento)

ESQUEMA DE LA UNIDAD

1. La promesa de Dios
- Dios promete un Salvador
- Dios llama a Abraham para formar su pueblo: Israel

2. Las profecías sobre el Mesías
- La Alianza de Dios con su pueblo
- Las profecías mesiánicas
- La profecía sobre el Siervo de Yahvé

3. Significado de los nombres de Cristo
- Jesús
- Cristo
- Hijo de Dios
- Señor

4. Sobre los nombres de Cristo

REFLEXIONAMOS Y COMENTAMOS

Quizás hemos tenido la experiencia de caminar ya anochecido por la montaña, después de una larga jornada, arrastrando el cansancio y fija la mirada en una luz lejana que representa la llegada al refugio al otro lado del valle. ¡Qué difícil resulta apreciar las distancias en plena oscuridad! Lo mismo pueden faltar unos pocos cientos de metros, que varios kilómetros. En esa situación se encontraban los profetas cuando miraban hacia delante, en espera de la venida del Salvador. No podían decir si para ese día feliz faltaban diez o mil años. Solo sabían que en algún momento de la estirpe de Judá brotaría un nuevo retoño, un Mesías venido del cielo abriría las puertas cerradas del Paraíso.

DIALOGAMOS

- ¿Desde cuándo estaban cerradas las «puertas del Paraíso»?
- ¿Por qué se cerraron?
- ¿Quién era el único que podía abrirlas de nuevo a la Humanidad?

1. LA PROMESA DE DIOS

NOS PREGUNTAMOS

Dice la Biblia que, tras de la caída de nuestros primeros padres, los pecados de los hombres se hicieron cada vez más numerosos. ¿Recuerdas algunos relatos bíblicos que lo atestigüen?

1.1. DIOS ANUNCIA UN SALVADOR

Los hombres por sí mismos nada hubieran podido hacer para mejorar su triste situación. Habían perdido el gran regalo de Dios, la filiación divina y el derecho a alcanzar la felicidad del cielo. Habían quedado además sujetos al poder del demonio que continuamente los acechaba.

Como ya sabes, Dios no abandonó al hombre. Lo seguía amando y a pesar de su traición. Por eso, el Señor en el mismo Paraíso prometió la Salvación y maldijo a la serpiente diabólica:

El Señor Dios dijo a la serpiente:
Porque has hecho esto, maldita serás
entre todos los animales del campo...
Y pongo perpetua enemistad entre ti y la mujer,
entre tu linaje y el suyo,
este aplastará tu cabeza,
mientras que tú le herirás a él en el talón (Gn 3, 14-15).

Con estas palabras Dios anunció en el Paraíso que no abandonaría al hombre pecador, sino que le salvaría de sus pecados, enviando al mundo un **Salvador*** nacido de una mujer, la Virgen María.

LA SALVACIÓN NOS VIENE POR MEDIO DE JESUCRISTO

Jesucristo, el Hijo de Dios, es el Salvador prometido. En Él se nos muestra el Amor misericordioso de Dios Padre que se derrama sobre los hombres. Solamente en Él podemos encontrar nuestra salvación definitiva.

➡ ¿Con qué palabras del Credo confesamos nuestra fe en Jesucristo? Escríbelas en tu cuaderno.

Nacimiento de Jesús, *de Giotto di Bondone, s. XIV.*

1. Reflexiona: ¿Por qué los hombres por sí mismos no podían volver a alcanzar la gloria perdida del Paraíso?

2. ¿Recuerdas el significado de la profecía de Génesis 3, 14-15?

1.2. DIOS LLAMA A ABRAHAM PARA FORMAR SU PUEBLO: ISRAEL

Pastor de Palestina actual.

Para llevar a cabo sus planes y revelarse a los hombres, Dios quiso formar un pueblo: el **pueblo de Israel*.** Su historia es totalmente humana –hecha por hombres y por mujeres de carne y hueso– pero es también totalmente divina, llena de intervenciones salvadoras de Dios.

Abraham fue el hombre elegido por Dios para una misión única: fundar el Pueblo elegido de Dios en el cual nacería, dos mil años después, el **Salvador** de la Humanidad.

Dios quiso confirmar la fe de Abraham sometiéndole a una dura prueba: después de haberle dado de modo milagroso un hijo, al que llamó **Isaac,** Dios le pidió a Abraham que le ofreciera en sacrificio la vida de ese único hijo. Se llevó a Isaac a la montaña y, cuando estaba a punto de sacrificar a su hijo con un cuchillo, un ángel del Señor lo detuvo y le dijo: *No le hagas daño a tu hijo.*

Y añadió el ángel de Dios: *Por haber hecho esto y no haber perdonado a tu hijo único por amor de Mí, Yo te llenaré de bendiciones y multiplicaré tu descendencia como las estrellas del cielo y como las arenas del mar...* ***Y en tu descendencia serán benditas todas las naciones de la tierra,*** *porque has obedecido mi voz* (Gn 22, 16-18).

3. ¿Qué principales virtudes destacarías en Abraham?

4. Interpreta el significado de las palabras que le dijo el ángel de Dios a Abraham. ¿Por qué le dijo: *En tu descendencia serán benditas todas las naciones de la tierra?*

LA FE DE ABRAHAM Y LA OBEDIENCIA DE ISAAC

Así interpreta este suceso la epístola a los Hebreos: *Abraham, puesto a prueba, ofreció a Isaac... porque pensaba que Dios tiene poder incluso para resucitar a los muertos* (Hb 11, 17-19).

Isaac es figura de Jesucristo. Su silencio y obediencia recuerdan la sumisión con la que Jesús se dejó conducir al Calvario para ser allí crucificado. Y su maravillosa liberación parece un anuncio de la Resurrección de Jesucristo.

➡ Comenta el significado de las palabras de Hebreos 11, 17-19. ¿Por qué Abraham es para nosotros un gran ejemplo de fe?

Sacrificio de Isaac *(detalle), Tiépolo.*

VOCABULARIO

Salvador: se aplica como título principal a Jesucristo, pues es quien ha salvado al mundo del pecado y de la muerte eterna.

Pueblo de Israel: es el pueblo formado por Dios sobre Abraham y sus descendientes, en el que habría de nacer el Salvador.

2. LAS PROFECÍAS SOBRE EL MESÍAS SALVADOR

NOS PREGUNTAMOS

¿Qué es una profecía? ¿Recuerdas los nombres de algunos profetas de la Biblia?

El profeta, *Gargayo.*

EL MESÍAS QUE ESPERABAN LOS JUDÍOS

El pueblo judío, en la época de Jesús, vivía con expectación la proximidad de la venida del Mesías anunciado por los profetas. Sin embargo, la mayoría de los judíos se había formado la idea de que el Mesías sería un gran rey, un formidable caudillo, descendiente del rey David, que libraría al pueblo de Israel del yugo de los dominadores extranjeros y traería consigo el dominio y el poder que habían anunciado las antiguas profecías.

➡ ¿Era correcta la idea que se habían formado los judíos sobre el Mesías que iba a venir?

2.1. LA ALIANZA DE DIOS CON SU PUEBLO

Como recordarás, uno de los descendientes de Abraham, **José,** llegó a ser un hombre muy importante en Egipto. Allí se establecieron los **israelitas*,** que con el tiempo pasaron a ser esclavos de los egipcios. Dios envió entonces a **Moisés** para liberar a su pueblo y conducirle a través del desierto hacia la Tierra Prometida. En el camino tuvo lugar la **Alianza** de Dios con su pueblo en el monte **Sinaí,** donde Dios entregó a Moisés los **Diez Mandamientos.** Después de la entrada en la Tierra Prometida vino la época de los **Jueces** y luego la **Monarquía,** en la que destacó la figura del rey y profeta **David.**

A pesar de la predilección que Dios mostraba hacia su pueblo, este le era con frecuencia infiel y caía en la **idolatría*.** El Señor, para instruir y corregir a su pueblo, le fue enviando unos hombres santos llamados **profetas*.** Ellos tenían la misión de recordar a los israelitas la Alianza que tenían con Dios y llamarles a la conversión de sus pecados.

2.2. LAS PROFECÍAS MESIÁNICAS

Los profetas también mantuvieron en el pueblo de Israel la esperanza en el **Mesías Salvador,** hablando de Él y prediciendo cómo sería su venida y muchos rasgos de su vida:

- **Miqueas** afirma que **Belén** será el lugar de su nacimiento: *Y tú, Belén, pequeña entre las ciudades de Judá, de ti saldrá un jefe que apacentará a mi pueblo, Israel* (Mi 5, 1).
- **Isaías** anuncia que nacerá de una **virgen:** *He aquí que una virgen da a luz un hijo y le llama Enmanuel, que significa Dios con nosotros* (Is 7, 14).
- **Isaías** predice también los **milagros** que realizará: *Dios mismo vendrá y os salvará. Entonces verán los ciegos, oirán los sordos, andarán los cojos y hablarán los mudos* (Is 35, 4-6).
- **David** cuenta detalles de la **Pasión** de Jesús: *Traspasaron mis manos y mis pies, contaron todos mis huesos. Se dividieron mis vestidos y echaron suertes sobre mi túnica* (Salmo 21).

Todas estas profecías, y muchas otras, se cumplieron en **Jesucristo,** nuestro Señor y Salvador.

5. ¿Cómo es posible que el pueblo de Israel fuera frecuentemente infiel a Dios si recibía de Él tantos beneficios? ¿Ocurre algo semejante en nuestro tiempo?

6. ¿Cuáles eran las misiones de los profetas?

2.3. LA PROFECÍA SOBRE EL SIERVO DE YAHVÉ

Isaías profetizó que el Mesías nacería de una virgen y que sería verdadero Dios (Is 7, 14), que sería un gran Señor, Príncipe de la Paz (Is 35, 4) y, sobre todo, que triunfaría sobre sus enemigos a través del sufrimiento. En el capítulo 53 del libro de Isaías se describe al Mesías como el «Siervo de Yahvé»:

Mirad, mi siervo tendrá éxito... Lo vimos sin aspecto atrayente, despreciado y evitado por los hombres, como varón de dolores, acostumbrado al sufrimiento, ante el cual se oculta el rostro; despreciado y desestimado... El Señor cargó sobre él nuestros crímenes. Maltratado voluntariamente se humillaba y no abría la boca; como cordero llevado al matadero, como oveja ante el esquilador, enmudecía y no abría boca... Fue puesto entre los malhechores y ha tomado sobre sí los pecados de todos (Is 53).

Los rasgos del Siervo de Yahvé descritos por Isaías coinciden sorprendentemente con los del Mesías Salvador según el relato de la Pasión que hacen los evangelistas; así nos libró de nuestros pecados.

Pasaron los siglos y, cuando se acercaba el Mesías, **Juan Bautista,** el último profeta, lo anunció: un día Jesús se acercó al lugar donde Juan bautizaba y este lo señaló como el Mesías que ya había llegado: *He aquí el cordero de Dios que quita el pecado del mundo* (Jn 1, 29).

7. Lee la profecía del Siervo de Yahvé (Is 53) y anota en dos columnas los paralelismos que encuentres entre esta profecía y la Pasión de Jesús, según los relatos de los cuatro evangelistas.

8. ¿Ves alguna relación entre el Mesías que esperaban los judíos y la profecía del Siervo de Yahvé?

JESÚS ES EL MESÍAS REDENTOR

Al contemplar la Pasión de Cristo, nos preguntamos el porqué de tantos dolores. ¿No bastaba un pequeño padecimiento de Jesús para redimir a los hombres de todos los pecados? Ciertamente, cualquier acción suya, por ser de una Persona divina, podía ser suficiente para salvarnos. Pero quiso manifestarnos su Amor infinito muriendo en una cruz por todos los hombres, no solo por sus amigos, sino también por sus enemigos y perseguidores (Lc 23, 24). Así se cumplían las palabras de san Juan: *Tanto amó Dios al mundo que le entregó a su Hijo Unigénito* (Jn 3, 16).

➡ El Siervo de Yahvé es Jesucristo. ¿Por quiénes ofreció esos padecimientos hasta la muerte? ¿Por qué lo hizo?

VOCABULARIO

Israelitas: son aquellos que forman parte del pueblo de Israel. Es sinónimo de «hebreo» y «judío».

Idolatría: acción de adorar un ídolo.

Profetas: personas elegidas por Dios para hablar en su nombre al pueblo de Israel y para anunciar al Mesías Salvador.

3. SIGNIFICADO DE LOS NOMBRES DE CRISTO

Vamos a analizar ahora el significado de algunos de los nombres que se dan a Jesús en el Nuevo Testamento, pues nos ayudarán a conocer mejor su Persona, su misión redentora y su mensaje de salvación.

3.1. JESÚS

El nombre más común que se da al Señor en los evangelios es **Jesús*;** este nombre quiere decir en hebreo «Dios salva».

En el momento de la Anunciación el ángel Gabriel comunicó a la Virgen María que tendría un hijo y que le pondría el nombre de Jesús –del hebreo *Jeshua:* «Dios que salva»– (Lc 1, 26-38). Este nombre expresa a la vez su identidad (Dios) y su misión (Salvador).

3.2. CRISTO (MESÍAS)

La palabra **Cristo*** es la traducción al griego de la palabra **Mesías** (Ungido). En el pueblo de Israel eran ungidos los reyes, los sacerdotes y a veces los profetas. La unción se hacía con óleo santo. Cristo fue «el ungido» por excelencia, por su especialísima unión con el Padre y con el Espíritu Santo. Esto se ve muy bien en la escena del Bautismo de Jesús en la que el Padre y el Espíritu Santo descienden sobre Él (véase Mt 3, 16-17).

? NOS PREGUNTAMOS

¿Con qué nombres se hace referencia a Jesucristo en el Antiguo Testamento? ¿Sabías que a lo largo del Nuevo Testamento se dan a Jesucristo diversos nombres? ¿Cuáles recuerdas?

+ «TÚ ERES EL CRISTO»

En una ocasión Jesús preguntó a los apóstoles qué decía la gente sobre Él. Después de escuchar las diversas opiniones que circulaban, les preguntó: *–¿Y vosotros quién decís que soy yo? Pedro contestó: –Tú eres el Cristo, el Hijo de Dios vivo.* Es decir, tú eres el Hijo eterno de Dios. Estas palabras las dijo Pedro inspirado por Dios confesando la divinidad de Jesucristo (Mt 16, 13-20).

➡ Explica por qué la fe en la divinidad de Jesucristo es la clave para comprender su persona, su mensaje y toda su misión salvadora.

El Bautismo de Cristo, *Beato Angélico.*

9. Lee la escena del Bautismo de Jesús y explica cómo aparece «ungido» por el Padre y el Espíritu Santo (Mt 3, 16-17).

10. Lee el capítulo primero del evangelio de san Lucas y anota los nombres con los que se hace referencia a Jesucristo.

3.3. HIJO DE DIOS

El nombre de **Hijo de Dios*** significa la relación única y eterna de Jesucristo con su Padre Dios. Él es el Hijo único y eterno del Padre. Su filiación es según la naturaleza (es «de la misma naturaleza que el Padre») mientras que la nuestra es filiación adoptiva por la gracia del Bautismo.

Muchas veces Jesús se mostró ante los apóstoles como el Hijo de Dios, igual a su Padre en la naturaleza divina:

- *Yo y el Padre somos una misma cosa* (Jn 10, 30).
- *El que me ha visto a Mí ha visto al Padre* (Jn 14, 9-10), etc.

Incredulidad de santo Tomás, *de Duccio di Buoninsegna, s. XIII.*

«Señor mío y Dios mío»

Por eso el apóstol Tomás, al ver vivo a Jesús en el cenáculo y meter su mano en la herida del costado, reconoció la divinidad de Jesucristo y dijo: *Señor mío y Dios mío* (Jn 20, 28). Y san Juan termina su evangelio diciendo que lo ha escrito *para que creáis que Jesús es el Cristo, el Hijo de Dios* (Jn 20, 31).

3.4. SEÑOR

El nombre de **Señor*** se aplica a Dios en griego con la palabra *Kyrios*. Este término es el más habitual en el Antiguo Testamento para designar a la divinidad. El Nuevo Testamento emplea este nombre («Señor») para designar al Padre, pero también para el Hijo. Llamar a Jesús «Señor» es confesar su divinidad, es decir, que es igual a Dios Padre.

Para decir con pleno convencimiento «Jesús es el Señor» necesitamos la virtud de la fe. Esta virtud la recibimos en el Bautismo y se fortalece con la oración, los sacramentos y las buenas obras.

11. ¿Qué significan las palabras de san Pablo *Nadie puede decir «Jesús es el Señor», sino en el Espíritu Santo*? (1 Cor 12, 3.)

12. Lee el capítulo primero de la carta de san Pablo a los Efesios y anota todos los nombres con los que Pablo se refiere a Jesucristo.

Vocabulario

Jesús: palabra hebrea que significa «salvador». Nombre propuesto por el ángel a la Segunda Persona de la Trinidad hecha hombre.

Cristo: término griego que significa «ungido». Se aplica a Jesucristo en cuanto Mesías Salvador.

Hijo de Dios: la Segunda Persona de la Santísima Trinidad, que, mediante la acción del Espíritu Santo, se encarnó en el seno de la Virgen María.

Señor: término que traduce la palabra aramea «Adonai», uno de los nombres aplicados a Dios. Por ello, cuando a Jesús se le denomina «Señor», se afirma que es Dios.

SÍNTESIS

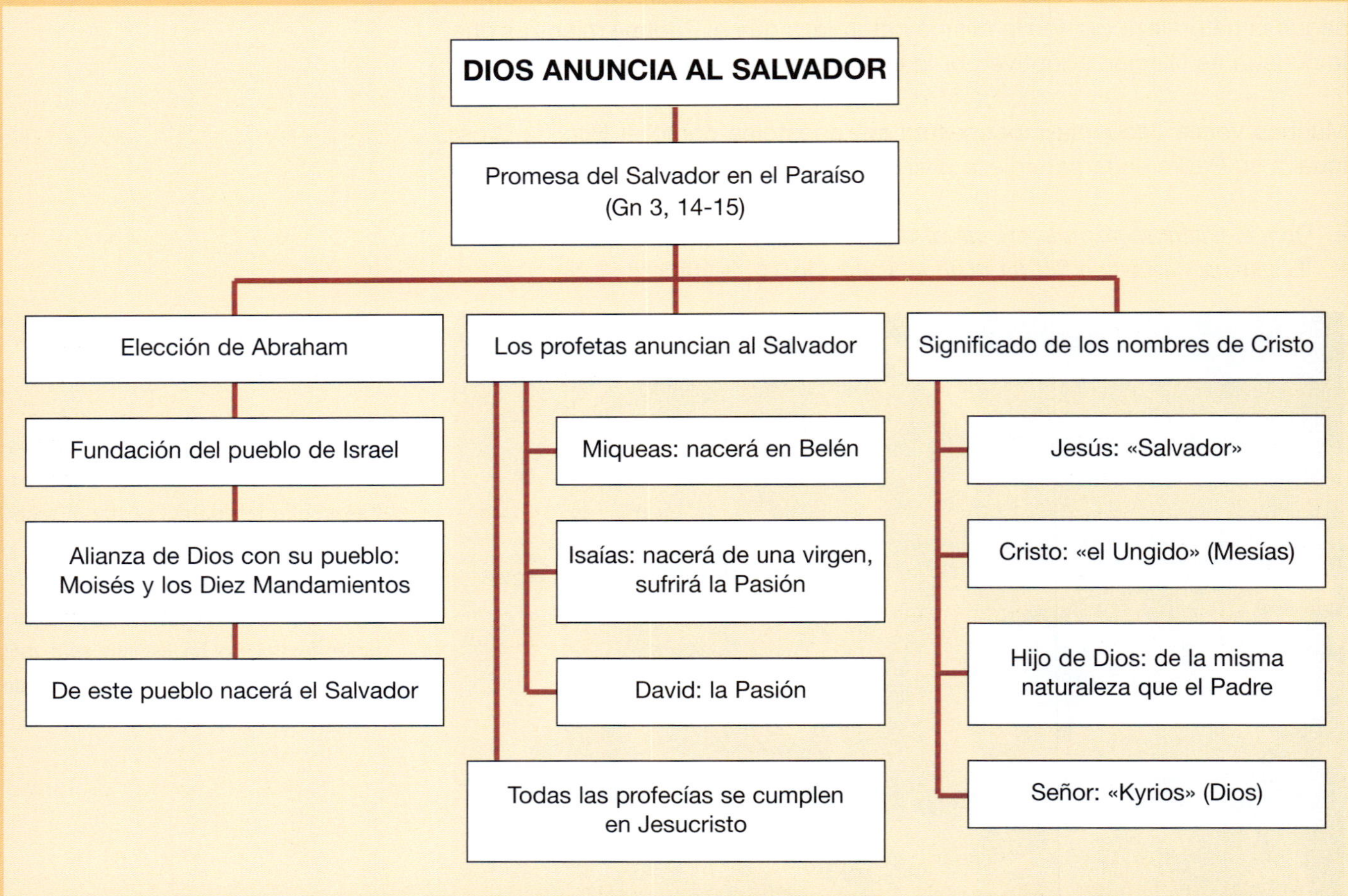

1. Dios, después del pecado de nuestro primero padres, en el Paraíso terrenal, maldijo a la serpiente diabólica y prometió enviar al mundo un Salvador nacido de una mujer, la Virgen María. Ese Salvador es Jesucristo.

2. Abraham fue el hombre elegido por Dios para una misión única: fundar el Pueblo elegido de Dios en el cual habría de nacer el Salvador. Abraham mostró la firmeza de su fe en Dios y este le dijo: *Yo te llenaré de bendiciones y multiplicaré tu descendencia como las estrellas del cielo y como las arenas del mar... y serán benditas en tu descendencia todas las naciones de la tierra, porque has obedecido mi voz* (Gn 22).

3. Dios, por medio de Moisés, liberó a los israelitas de la esclavitud de Egipto (Éxodo) haciendo grandes prodigios a favor de su pueblo. En el monte Sinaí dio a Moisés los Diez Mandamientos y renovó la Alianza con su pueblo, Israel.

4. El Señor fue enviando a su pueblo a unos hombres llamados profetas para que, en su nombre, le recordaran la Alianza y le animaran a obedecer a Dios y a convertirse de sus pecados.

5. Los profetas mantuvieron en Israel la esperanza en el Mesías Salvador, hablando de Él y diciendo cómo sería su venida y muchos rasgos de su vida: el lugar de su nacimiento, sus milagros, su pasión y su muerte, su resurrección, etc.

6. Los principales nombres que se dan a Jesucristo en el Nuevo Testamento son: Jesús (Salvador); Cristo (Mesías); Hijo de Dios (igual a Dios Padre); Señor (Dios).

ACTIVIDADES

DE EVALUACIÓN

1. ¿Por qué es tan importante Abraham en la Historia de la Salvación? Expón algunas razones.

2. Ordena cronológicamente estos personajes de la historia de Israel:

Isaac / Jacob / Abraham / Moisés / José / David

3. Ordena cronológicamente estos acontecimientos de la historia de Israel:

- Alianza del Sinaí
- Sacrificio de Isaac
- José es vendido por sus hermanos
- Salida de Egipto
- Vocación de Abraham

4. ¿De quién hablamos?

a) Dios hará de él un gran pueblo. ....
b) Cometieron el pecado original. ....
c) Salvado de las aguas del Nilo. ....
d) Debe sacrificar a su único hijo. ....
e) Recibe los 10 Mandamientos. ....
f) Libera a los israelitas de Egipto. ....
g) Fue vendido como esclavo. ....
h) Rey del que desciende Jesús. ....

5. Relaciona estos profetas con las profecías:

a) Miqueas – «Traspasarán mis manos y mis pies.»
b) Isaías – «Verán los ciegos, oirán los sordos.»
c) David – «Nacerá en Belén de Judá.»

6. Relaciona:

a) Jesús 1. Mesías
b) Cristo 2. Salvador
c) Hijo de Dios 3. Dios como el Padre
d) Señor 4. Hijo del Padre

DE REFUERZO

1. Reflexiona: ¿Por qué los hombres por sí mismos no podían volver a alcanzar la gloria perdida del Paraíso?

2. Explica el significado de cada una de las frases de este texto profético:

Por haber hecho esto y no haber perdonado a tu hijo único por amor de Mí,... Yo te llenaré de bendiciones... y multiplicaré tu descendencia como las estrellas del cielo y como las arenas del mar... Y en tu descendencia serán benditas todas las naciones de la tierra... porque has obedecido mi voz (Gn 22, 16-18).

3. Relaciona:

a) Promesa en el Paraíso
b) Los profetas
c) Abraham
d) Moisés

- Anunciaron al Mesías Salvador
- Es nuestro padre en la fe
- Liberó al pueblo de Israel de la esclavitud
- «Pongo enemistad entre ti y la mujer»

4. Ordena cronológicamente estos personajes:

Moisés – José – Abel – Noé – Adán – Abraham – David – Jesucristo

5. ¿Por qué llamamos a Jesucristo «nuestro Salvador»? ¿De qué nos salvó?

6. Completa estas frases sobre las profecías mesiánicas:

a) Miqueas afirma que .... será el lugar de su nacimiento.
b) Isaías anuncia que nacerá de una ....
c) Isaías predice también los .... que realizará.
d) David cuenta detalles de la .... de Jesús.

7. ¿Qué significan estos nombres?

a) Jesús.
b) Cristo.
c) Hijo de Dios.
d) Señor.

PARA SABER MÁS

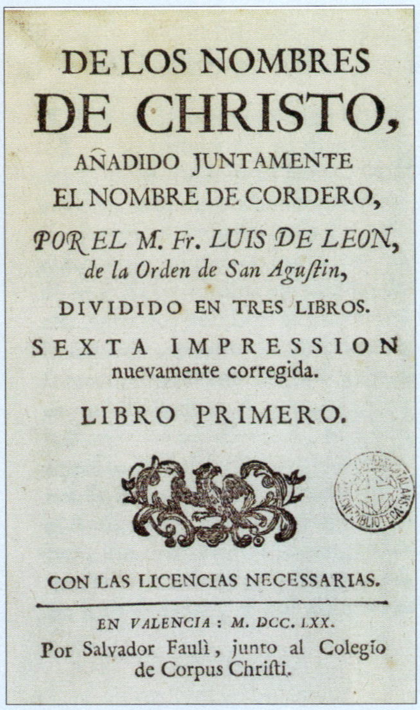

DE LOS NOMBRES
DE CHRISTO,
AÑADIDO JUNTAMENTE
EL NOMBRE DE CORDERO,
POR EL M. Fr. LUIS DE LEON,
de la Orden de San Aguſtin,
DIVIDIDO EN TRES LIBROS.
SEXTA IMPRESSION
nuevamente corregida.
LIBRO PRIMERO.

CON LAS LICENCIAS NECESSARIAS.
EN VALENCIA : M. DCC. LXX.
Por Salvador Faulì, junto al Colegio
de Corpus Chriſti.

Portada de Sobre los nombres de Cristo, *de fray Luis de León.*

SOBRE LOS NOMBRES DE CRISTO

Jesús ha recibido numerosos nombres, que responden a la riqueza humana y divina de su Persona y a la grandeza de su misión. Ya hemos analizado algunos de ellos, pero hay muchos más.

En el Nuevo Testamento se pueden encontrar hasta 55 nombres. El motivo es claro: la figura de Jesús –el Hombre-Dios– es tan importante que no cabe aplicarle un solo nombre.

Así, por ejemplo, un ángel indica a san José en sueños que ponga al niño el nombre de «Jesús», porque salvará al pueblo de sus pecados (Mt 1, 21); y añade que ya el profeta (Isaías) había señalado que se llamaría «Emmanuel», o sea, «Dios con nosotros» (Mt 1, 23).

Los escritos del Nuevo Testamento le denominan «Cristo» = Ungido (500 veces) y «Señor» = Kyrios (350 veces).

«Hijo del hombre» (80 veces). Este es un nombre misterioso, que hace relación a una profecía del profeta Daniel que habla de «la venida de un Hijo del hombre lleno de majestad» para juzgar al mundo al final de los tiempos (Mt 26, 64).

«Hijo de David», 20 veces.

Y en otras muchas ocasiones: Rey, Sacerdote, Salvador, Redentor, Pastor, Profeta y, sobre todo «Señor», o sea, «Dios». Así de extraordinaria es la Persona de Jesús que ni siquiera 55 nombres diferentes son capaces de expresar la riqueza de su Ser y de su misión divina.

Escultores, músicos y cultivadores de las demás artes, a lo largo de la historia, han cantado las excelencias divinas y humanas de Jesús, y para ello han hecho uso de todos esos nombres y atributos a través de maravillosas obras de su arte.

El Salvador, *de Tiziano, s. XVI.*

1. Lee Mateo 1, 18-25, descubre los diversos nombres que se refieren a Jesucristo y anota el significado de cada uno.

2. Investiga y elabora una lista de obras de arte que tienen como centro a Jesucristo. Puedes buscar en la pintura, en la escultura, en la literatura, en la música, en la arquitectura, etc.

ACTIVIDAD FINAL

LOS DIEZ MANDAMIENTOS

Los Diez Mandamientos que Dios entregó a Israel en el Sinaí no son unas normas extrañas: ya estaban escritos en el corazón del hombre por medio de la ley natural. Los judíos sabían que esos mandatos de Dios eran para su bien: El Señor nos mandó practicar todas estas leyes y temer al Señor Dios nuestro, para que seamos felices todos los días de nuestra vida (Dt 6, 24). Quien los cumple sigue el camino de la felicidad en todo tiempo o cultura.

Cualquier persona de buena voluntad puede reconocer en su interior estas diez normas del buen comportamiento humano y darse cuenta de que son para su bien y el de los demás. Pero Dios quiso revelárselos al pueblo de Israel para que los conocieran para siempre y sin error. Y así los enseña la Iglesia, el nuevo Pueblo de Dios.

Que sean dos tablas significa que hay unos deberes para con Dios (los tres primeros) y otros deberes para con uno mismo y los demás. Cumpliendo los Mandamientos amamos a Dios y a nuestros prójimos y alcanzamos en esta vida la felicidad de quien sabe que está haciendo la voluntad de Dios.

San Agustín hizo una enumeración sencilla de los Diez Mandamientos para ayudar a memorizarlos:

1.º Amarás a Dios sobre todas las cosas.

2.º No tomarás el nombre de Dios en vano.

3.º Santificarás las fiestas.

4.º Honrarás a tu padre y a tu madre.

5.º No matarás.

6.º No cometerás actos impuros.

7.º No robarás.

8.º No dirás falso testimonio ni mentirás.

9.º No consentirás pensamientos ni deseos impuros.

10.º No codiciarás los bienes ajenos.

1. Indica una acción concreta de cumplimiento o incumplimiento de cada mandamiento.
2. ¿Qué significa que los Mandamientos están escritos en el corazón humano?
3. Redacta estos mismos mandamientos como si fuera un «manual de instrucciones» para el «funcionamiento» humano. Intenta ser original.

6 DIOS SE HACE HOMBRE

En el principio existía el Verbo,
y el Verbo estaba junto a Dios,
y el Verbo era Dios...

Y el Verbo se hizo carne,
y habitó entre nosotros,
y hemos visto su gloria,
gloria como de Unigénito del Padre,
lleno de gracia y de verdad.

(Prólogo del evangelio de san Juan)

Anunciación. *Beato Angélico.*

Esquema de la unidad

1. El país de Jesús
- Galilea
- Judea
- Samaria

2. Los cuatro evangelios

3. El misterio de la Encarnación

4. La Virgen María, modelo del creyente

5. El Rosario

Reflexionamos y comentamos

Un autor francés –Jean Guitton– usa una bonita comparación para explicar la misión salvadora de Jesucristo: «Me imagino a unos pájaros que quieren subir al cielo. Pero entre la tierra y el cielo veo una red tan tupida que los pájaros no pueden atravesarla y vuelven a caer al suelo. Veo de pronto un pájaro más valiente, mucho más fuerte que los otros, que atraviesa la red, pero al precio de su sangre, queda herido. Entonces los otros pájaros pasan a través del agujero que ha hecho y suben al cielo con él. Jesús –el Hijo de Dios encarnado– ha derramado su sangre, muere, atraviesa la red, y todos los demás podemos subir tras Él hacia la luz, hacia el cielo».

Dialogamos

- ¿Por qué ese autor habrá utilizado la imagen de la red y de los pájaros que no pueden atravesarla?
- ¿Cuál es la finalidad de la venida de Jesús al mundo?

1. EL PAÍS DE JESÚS

NOS PREGUNTAMOS

Como recordarás, el país estaba dividido en tres grandes regiones: **Galilea** en el norte, **Samaria** en el centro y **Judea** en el sur. La capital religiosa y cultural era Jerusalén y la capital política era Cesarea Marítima.

Pero, ¿sabes cuántos kilómetros había de norte a sur? ¿Y de este a oeste, a la altura de Jerusalén? ¿Con qué provincia de España se podría comparar en extensión la tierra de Jesús?

Jesús vivió en Palestina, en el extremo oriental del Mediterráneo, que hace dos mil años formaba parte del Imperio romano. Era un territorio pequeño y pobre comparado con la grandeza de Roma.

1. Observa el mapa y contesta:
   a) ¿En qué regiones se dividía el país de Jesús?
   b) ¿En qué región de Palestina se encuentra Jerusalén? ¿Y Cesarea?
   c) ¿Qué dirección siguen las aguas del río Jordán? ¿Dónde desemboca?
   d) ¿En qué región está el lago de Tiberiades?
   e) ¿Y Cafarnaúm?

2. ¿Por qué hemos de amar especialmente esta región del mundo?

1.1. GALILEA

Galilea es la región de Palestina más rica por la fertilidad de su tierra, la abundancia de lluvias y la suavidad del clima. Su paisaje es verde, con bosques, árboles frutales y pastos para los rebaños. El lago de **Tiberiades** (también llamado de Genesaret o mar de Galilea) ofrece pesca abundante a sus habitantes.

La capital era **Séforis,** una ciudad griega que no es citada en los evangelios.

Jesús pasó su infancia y juventud en **Nazaret;** y vivió en **Cafarnaúm** la mayor parte del tiempo de su actividad pública; las multitudes le seguían por las orillas del lago, donde enseñaba y hacía milagros. Los doce apóstoles eran casi todos galileos. Esta era, pues, la tierra de Jesús.

Iglesia de Tagsa y lago Tiberiades, Galilea.

1.2. JUDEA

Judea es más seca y más pobre en recursos naturales que Galilea, pero era el centro cultural, político y religioso de toda Palestina por tener como capital a **Jerusalén*,** ciudad del Templo y sede del Sanedrín.

Judea estaba gobernada por un representante de Roma, un procurador, que residía en Cesarea Marítima, aunque subía con frecuencia a **Jerusalén.** Había una fuerte presencia de soldados romanos.

Este territorio también está muy vinculado a la vida de Jesús: nació en **Belén*** y culminó su misión en **Jerusalén,** donde murió y resucitó. Además, como buen israelita, amaba la Ciudad Santa y el Templo, donde acudía a rezar desde pequeño.

El paisaje de Judea es seco y pobre.

1.3. SAMARIA

Samaria era la región intermedia entre las dos anteriores. Era más montañosa y menos verde que Galilea. Su capital era Sicar. Los judíos y los samaritanos estaban enemistados desde mucho tiempo atrás.

3. Lee con atención el texto sobre Galilea y contesta:
   a) ¿Qué otros nombres recibe el mar de Galilea?
   b) ¿En qué población vivió Jesús la mayor parte de su vida? ¿Dónde vivió habitualmente durante su vida pública?

4. Lee con atención el texto sobre Judea y contesta:
   a) ¿Por qué motivos Jerusalén era la ciudad más importante de toda Palestina?
   b) ¿Qué relación tienen las ciudades de Belén y Jerusalén con la vida de Jesús?

VOCABULARIO

Jerusalén: es la ciudad santa del pueblo de Dios, fundada por el rey David. En ella Jesucristo sufrió la Pasión y la muerte y, después, resucitó.

Belén: pueblo de Palestina en el que nació Jesús. Representación con figuras del nacimiento de Jesús.

2. LOS EVANGELIOS

NOS PREGUNTAMOS

Reflexionamos sobre este texto: «La fe en la verdadera encarnación del Hijo de Dios es el signo distintivo de la fe cristiana» (CIC, 463).

¿Qué significado tienen estas palabras? ¿Qué importancia tiene el misterio de la Encarnación para el cristiano? ¿Cómo conocemos la vida de Jesús?

San Mateo, *Códice Aúreo.*

San Juan Evangelista, *Evangelios de Lorsch.*

Ya sabes que los **evangelios*** de Mateo, Marcos, Lucas y Juan, escritos en el siglo I, nos hablan con detalle de la vida de Jesús. Estos textos han sido estudiados muy a fondo por todas las ciencias y demuestran con claridad dos cuestiones muy importantes para el conocimiento de Jesús y para la fe:

1. Los cuatro evangelios son libros auténticos. Esto quiere decir que lo que nosotros leemos ahora es lo mismo que escribieron Mateo, Marcos, Lucas y Juan en el siglo I y no es el resultado de añadidos posteriores. Esto se deduce del estudio de más de 5 000 copias manuscritas muy cercanas en el tiempo al texto original, que son prácticamente idénticas entre sí y presentan apenas variaciones respecto al texto actual. No existe ninguna otra obra de la Antigüedad (Homero, Platón, Julio César, etc.) de la que se conserven tantas copias ni tan antiguas.

2. Los evangelios son libros veraces. Es decir, Mateo, Marcos, Lucas y Juan nos contaron hechos reales (no fantasías o inventos). Los autores fueron testigos de los hechos que escribieron (o fueron informados por testigos directos). Además, lo que pusieron por escrito en la segunda mitad del siglo I es lo mismo que habían enseñado oralmente desde el día de Pentecostés, y aún vivían muchísimos discípulos de Jesús que habían presenciado aquellos hechos. Los autores, además de ser personas honradas, dieron su vida por dar testimonio de lo que habían escrito.

Manuscritos de la antigüedad

OBRA	Fecha del original	Fecha del manuscrito más antiguo
Obras de Horacio	s. I a. C.	s. VIII d. C.
Obras de J. César	s. I a. C.	s. X d. C.
Obras de Platón	s. V-IV a. C.	895 d. C.
Obras de Homero	s. VIII d. C.	s. XI d. C.

➡ Compara la distancia en siglos que hay entre los originales de estas grandes obras y los manuscritos más antiguos que nos han llegado. Y luego haz lo mismo con los evangelios. ¿Qué conclusiones podemos obtener?

Es importante tener en cuenta que los cristianos no aceptan lo que enseñan los evangelios porque la ciencia demuestre que son verdaderos, sino que lo hacen por la fe en que Dios ha inspirado a sus autores y, por tanto, son enseñanza verdadera sobre Jesucristo.

5. ¿Qué significa que los evangelios son libros auténticos?

6. ¿Y qué significa que son libros veraces? Arguméntalo.

7. Si tenemos por auténticos los textos de la Antigüedad atribuidos a los grandes autores clásicos, como Homero, Platón o Julio César, ¿qué hemos de pensar de la autenticidad de los evangelios? ¿Y cómo los hemos de aceptar y venerar?

3. EL MISTERIO DE LA ENCARNACIÓN

- **La Anunciación del ángel y la Encarnación**

El evangelio de san Lucas nos cuenta cómo el ángel Gabriel fue enviado por Dios a María, una joven de Nazaret prometida con un hombre llamado José, para anunciarle que ha sido elegida para ser la madre del Mesías. Ella acepta: *–Hágase en mí según tu palabra* (Lc 1, 38), y en ese instante el Hijo de Dios se hizo hombre en el seno virginal de María.

Este gran misterio se conoce como el misterio de la **Encarnación*:** la segunda persona de la Santísima Trinidad –el Hijo eterno o Verbo de Dios– se hizo verdadero hombre, con cuerpo humano y alma humana (sin dejar de ser verdadero Dios), en el seno virginal de María. Por eso, la Virgen María es verdaderamente la Madre de Dios.

La Anunciación.
Beato Angélico, s. XV.

- **El Nacimiento de Jesús**

A los nueve meses María dio a luz a su hijo en Belén, como habían anunciado las profecías sobre el Mesías (Mt 1, 23); y al cabo de ocho días José le puso el nombre de Jesús, según le había indicado el ángel (Lc 2, 21).

Jesús –que significa *Dios que salva*– es el cumplimiento de la esperanza de Israel: el Mesías viene al mundo para salvar a la humanidad de las consecuencias del pecado original y de todos los pecados personales.

8. Enuncia en pocas palabras en qué consiste el misterio de la Encarnación. ¿Qué significa el nombre de Jesús?

9. ¿Cuál es la finalidad de la Encarnación?

10. ¿Qué profecía se cumplía?

JESUCRISTO, VERDADERO HOMBRE

Jesús nació en Belén y, tras su estancia en Egipto, llevó una vida corriente en Nazaret. Allí vivió, aproximadamente hasta los treinta años, trabajando como artesano. Los evangelios dan muy pocos detalles referentes a esos años, conocidos como la «vida oculta» de Jesús. El Concilio Vaticano II enseña:

«El Hijo de Dios trabajó con manos de hombre, amó con corazón de hombre. Nacido de la Virgen María, se hizo verdaderamente uno de los nuestros, semejante en todo a nosotros, excepto en el pecado» (GS, 22).

➡ ¿Qué podemos aprender del hecho de que Jesús viviera tantos años de vida de familia y de trabajo en Nazaret?

VOCABULARIO

Evangelios: libros que recogen la vida y las enseñanzas de Jesucristo. Etimológicamente la palabra evangelio significa «buena noticia».

Encarnación: hecho milagroso por el cual la Segunda Persona de la Santísima Trinidad se hizo hombre en las entrañas de la Virgen María.

4. LA VIRGEN MARÍA, MODELO DEL CRISTIANO

? NOS PREGUNTAMOS

Ha habido muchos santos y santas en la historia de la Iglesia: mártires, vírgenes, misioneros, evangelizadores, etc. Pero, ¿por qué la Virgen María supera en santidad y perfección a todos los santos del Cielo?

4.1. LA PRIMERA DISCÍPULA DE JESÚS

El Nuevo Testamento no hace muchas referencias a la **Virgen María*,** la madre de Jesús; son las suficientes para darnos cuenta de la importancia del papel que desempeñó y desempeña en nuestra salvación y como modelo de vida cristiana para el creyente. Ella es la discípula perfecta de Jesús.

Madonna del Magnificat, *de Botticelli, s. XV.*

- **La Virgen María es la cristiana perfecta.** Esto quiere decir que en Ella encontramos los que seguimos a Jesucristo el modelo perfecto para poder imitar las virtudes que Jesús nos vino a enseñar: la fe, la esperanza, la caridad, la humildad, el servicio desinteresado a los demás.

- **María cumplió en todo la voluntad del Señor.** En cierta ocasión una mujer gritó en medio de la multitud: *Bienaventurado el vientre que te llevó y los pechos que te alimentaron.* Jesús entonces replicó: *Bienaventurados más bien los que escuchan la palabra de Dios y la guardan* (Lc 11, 27-28). Estas palabras fueron la mejor alabanza de Jesús para su Madre.

+ EL ÁNGELUS

Muchos cristianos, desde tiempo inmemorial, tienen la costumbre de rezar a las doce del mediodía la oración del «Ángelus».

– El Ángel del Señor anunció a María;
– Y concibió por obra del Espíritu Santo.
(Dios te Salve, María...)
– He aquí la esclava del Señor;
– Hágase en mí según tu palabra.
(Dios te Salve, María...)
– Y el Hijo de Dios se hizo Hombre;
– Y habitó entre nosotros.
(Dios te Salve, María...)
– Ruega por nosotros, Santa Madre de Dios;
– Para que seamos dignos de alcanzar las promesas de Nuestro Señor Jesucristo.

➡ ¿Qué misterio cristiano se expresa en esta oración? ¿Qué misterio se recuerda?
➡ ¿Qué virtudes de la Virgen María se destacan?

11. Explica, basándote en los evangelios, por qué podemos afirmar que María es la discípula perfecta de Jesucristo.

12. Lee las palabras de Jesús en Lc 11, 27-28 y justifica por qué esas palabras son la mejor alabanza para su Madre.

4.2. EJEMPLO DE FE, ORACIÓN Y DE AMOR A LA CRUZ

- **María es ejemplo de fe.** Primero la vemos en la Anunciación aceptando el plan de Dios para la venida al mundo del Salvador. Así se cumplió el misterio de la Encarnación del Hijo de Dios en las entrañas purísimas de la Virgen María (véase Lc 1, 26-38).

- **María es ejemplo de oración.** Juan nos cuenta su intervención en el milagro de las bodas de Caná. María dijo discretamente a su hijo: *–No tienen vino; Jesús le respondió: –Mujer, ¿qué nos importa a ti y a mí? Todavía no ha llegado mi hora. Pero María ordenó a los sirvientes: –Haced lo que él os diga;* y Jesús hizo el milagro. De este modo María, con su intercesión, adelantó la hora del primer milagro de Jesús (véase Jn 2, 1-12). Ella siempre intercede (ruega) por nosotros.

- **María es ejemplo de amor a la Cruz.** Todos los evangelistas nos muestran a María junto a la Cruz, acompañando a su Hijo en el momento de la muerte. El apóstol Juan, que estaba presente, recoge en su evangelio las palabras que Jesús dirigió a su madre: *–Mujer, aquí tienes a tu hijo,* refiriéndose precisamente a Juan. *Después dijo a Juan: –Ahí tienes a tu madre.* De modo que el discípulo amado de Jesús acogió a María en su casa (véase Jn 19, 25-27). Jesús en la cruz nos dio a su Madre como Madre de cada discípulo y de toda la Iglesia.

La Virgen María es Madre de la Iglesia

En los Hechos de los Apóstoles vemos descrita a la primitiva comunidad cristiana de Jerusalén unida en oración en torno a María a la espera de la venida del Espíritu Santo: *Todos ellos perseveraban unánimes en la oración, junto con algunas mujeres y con María, la Madre de Jesús y sus hermanos* (Hc 1, 14). (CIC, 484 y ss.)

➡ Lee los números 508 a 511 del Catecismo de la Iglesia Católica y haz un esquema con esas enseñanzas.

13. Interpreta los textos de este apartado referidos a la Virgen María (en la Anunciación, en Caná, en el Calvario).

14. ¿Descubres alguna enseñanza para la vida del cristiano en cada uno de esos momentos?

Vocabulario

Virgen María: es la Madre de Jesús y nuestra Madre del Cielo. Es Madre de Dios porque Jesucristo es Dios.

SÍNTESIS

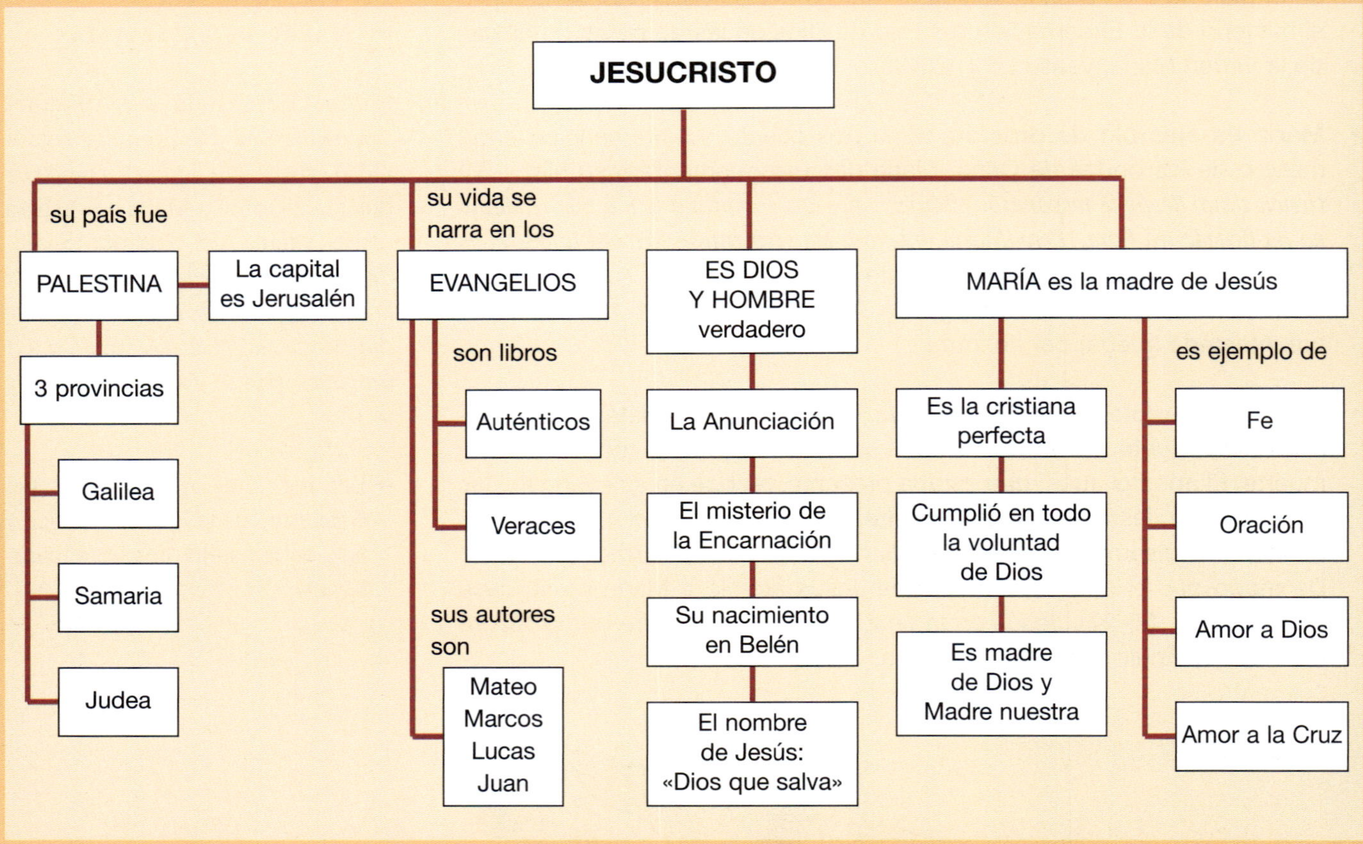

1. El país de Jesús era la Tierra de Israel o Palestina. Las tres regiones más importantes de Palestina eran: Galilea, Judea y Samaria. El centro religioso de toda la región era el templo de la ciudad de Jerusalén.

2. Los cuatro evangelios son libros auténticos que narran la vida de Jesús. Esto quiere decir que lo que nosotros leemos ahora es lo mismo que escribieron Mateo, Marcos, Lucas y Juan en el siglo I, y no es el resultado de añadidos posteriores.

3. Los evangelios son libros veraces. Es decir, Mateo, Marcos, Lucas y Juan nos contaron hechos reales, no fantasías o inventos. Los autores fueron testigos directos de los hechos que escribieron o recogieron testimonio de testigos directos.

4. El misterio de la Encarnación significa que la segunda persona de la Santísima Trinidad –el Hijo eterno o Verbo de Dios– se hizo verdadero hombre, con cuerpo humano y alma humana, sin dejar de ser verdadero Dios, en las entrañas purísimas de la Virgen María.

5. Jesucristo, el Hijo de Dios, viene al mundo para salvar a la humanidad de las consecuencias del pecado original y de todos los pecados personales.

6. La Virgen María es la Madre de Jesucristo y nuestra Madre del Cielo. Ella es Madre de Dios porque Jesucristo es Dios. Ella es la cristiana perfecta porque hizo en todo la voluntad de Dios. Ella es para el cristiano ejemplo de fe, oración, amor a Dios y amor a la Cruz.

ACTIVIDADES

DE EVALUACIÓN

1. Copia en tu cuaderno el mapa de Tierra Santa y sitúa en él los principales datos geográficos: las tres provincias y las principales ciudades, ríos y mares.

2. Qué otros nombres recibe el mar de Galilea:
a) Lago o mar de Tiberiades
b) Lago Salado
c) Lago de Genesaret

3. Relaciona:

Galilea	La Ciudad Santa del Templo judío
Samaria	En ella estaba Nazaret
Judea	En ella estaba Belén
Jerusalén	Su capital era Sicar

4. Responde con argumentos a estas dos preguntas sobre los evangelios:
a) ¿Cómo sabemos que los evangelios que leemos ahora son los mismos que fueron escritos en el siglo I?
b) ¿Lo que escribieron Mateo, Marcos, Lucas y Juan es lo que sucedió realmente?

5. Relaciona:

Evangelios	País de Jesús
Encarnación	«Buena nueva»
Sanedrín	El Verbo de Dios se hizo hombre
Palestina	Tribunal supremo de los judíos

6. Verdadero o falso:
a) Los evangelios son cinco.
b) Los evangelistas son Mateo, Marcos, Lucas y Juan.
c) Los evangelios fueron escritos en el siglo II.

7. Completa estas palabras del Evangelio:
Bienaventurado el .... que te llevó y los pechos que te .... Jesús entonces replicó: Bienaventurados más bien los que .... la .... y la guardan.

8. Completa estas definiciones del vocabulario:
– La Virgen María es ....
– El misterio de la Encarnación es ....

DE REFUERZO

1. Dibuja un mapa de Tierra Santa y sitúa en él estos datos geográficos: Galilea, Jerusalén, el río Jordán, y Cafarnaúm.

2. Escribe un comentario a cada una de estas frases del evangelio de san Juan:

Y el Verbo se hizo carne,
y habitó entre nosotros,
y hemos visto su gloria,
gloria como de Unigénito del Padre,
lleno de gracia y de verdad.

3. Completa las palabras de esta definición:
El misterio de la .... es el hecho milagroso por el cual la .... Persona de la Santísima .... se hizo .... en las entrañas purísimas de la ....

4. Lee en Lc 1, 45-55 el himno del «Magnificat», las palabras más extensas de María que recogen los evangelios. Como verás hace referencias a la historia de Israel que ya has estudiado. Interpreta el sentido de esas frases.

5. Lee Mt 13, 55 y Mc 6, 3. ¿Cómo era conocido Jesús en su pueblo? Escribe una breve redacción reflexionando sobre el hecho de que Jesús pasara la mayor parte de su vida trabajando como uno más en su pueblo.

6. Indica en qué región y en qué población de Palestina tuvieron lugar estos hechos de la vida de Jesús:

Hechos	Región	Población
Nacimiento		
Infancia y juventud		
Vida pública		
Muerte y Resurrección		

7. Explica por qué decimos que la Virgen María es la cristiana perfecta.

PARA SABER MÁS

EL SANTO ROSARIO

El Rosario es una sencilla oración dedicada a la Virgen María que sirve para meditar los misterios de la vida de Cristo contenidos en el Evangelio. Se dividen en cuatro grupos de misterios. Cada misterio, una vez enunciado, consta de un padrenuestro, diez avemarías y un gloria. Juan Pablo II ha dicho: «El Rosario es mi oración predilecta».

Gozosos
- La Anunciación.
- La Visitación de María a su prima santa Isabel.
- El Nacimiento de Jesús.
- La Purificación de la Virgen.
- El Niño perdido y hallado en el Templo.

Luminosos
- El Bautismo de Jesús.
- Las Bodas de Caná.
- El anuncio del Reino de Dios.
- La Transfiguración.
- La institución de la Eucaristía.

Dolorosos
- La Oración de Jesús en el huerto.
- La flagelación del Señor.
- La coronación de espinas.
- Jesús con la cruz a cuestas.
- Jesús muere en la cruz.

Gloriosos
- La Resurrección del Señor.
- La Ascensión del Señor a los Cielos.
- El venida del Espíritu Santo.
- La Asunción de Nuestra Señora.
- El Coronación de la Virgen María.

1. Observa detenidamente los dibujos e indica a qué misterio hace referencia cada uno.
2. Los Misterios gozosos nos recuerdan que el Hijo de Dios se hizo hombre. Lee el pasaje evangélico citado y completa el siguiente cuadro:

	Misterio	Hecho	Personajes
1. Lc 1, 26-38			
2. Lc 1, 39-56			
3. Lc 2, 1-20			
4. Lc 2, 22-38			
5. Lc 2, 40-52			

ACTIVIDAD FINAL

Observa estas imágenes. Cada una representa alguna escena de la infancia de Jesús que nos relatan los evangelios. Lo puedes leer en los capítulos 1 y 2 de Mateo y los capítulos 1 y 2 de Lucas.

1. Escribe en tu cuaderno qué escena representa cada cuadro y la cita del Evangelio.
2. Lee en el Nuevo Testamento el texto correspondiente y copia en tu cuaderno un breve fragmento que pudiera servir como pie de foto de cada imagen.
3. Explica qué representa todo lo que aparece en cada imagen: los personajes, los edificios, los paisajes y todos los detalles que descubras.

1

2

3

4

5

6

7 LA VIDA PÚBLICA DE JESÚS

Apareció Juan Bautista en el desierto
predicando un bautismo de penitencia
para remisión de los pecados. Y decía:
–Después de mí viene uno más poderoso que yo
ante quien no soy digno de inclinarme para
desatarle la correa de sus sandalias.
Yo os he bautizado en agua,
pero Él os bautizará en el Espíritu Santo.

(Mc 1, 4-8)

El Bautismo de Cristo, *de P. V. Perugino, s. XV.*

Esquema de la unidad

1. Primeros pasos
- Bautismo de Jesús
- Las tentaciones
- El primer milagro (Bodas en Caná)
- ¿Por qué Jesús hacía milagros?

2. Llamada a los Apóstoles
- Los Doce
- Los discípulos y la muchedumbre

3. El Sermón de la montaña
- Las Bienaventuranzas

4. «Tú eres Cristo, el Hijo de Dios vivo»

5. Los que seguían a Jesús

Analizamos un gráfico

Es un deseo natural para todo cristiano el seguir los pasos del divino Maestro con la mayor cercanía posible. Eso es lo que vamos a hacer en las próximas unidades. En este gráfico puedes observar el tiempo que ocupa la vida de Jesús, los principales lugares donde transcurrió y algunos hechos significativos.

Vida oculta

- 0 – 10 años: Nacimiento; Huida a Egipto; Regreso a Nazaret
- 10 – 20 años: Jesús entre los doctores
- 10 – 30 años: Vida de trabajo en Nazaret

0 · 10 años · 20 años · 30 años

Vida pública

- **Año primero** (30 – 31 años): Bautismo de Jesús; Vocación de los apóstoles; Primer milagro (Caná); Jesús en Cafarnaúm; Diálogo con la mujer samaritana; Vocación de Mateo
- **Año segundo** (31 – 32 años): Sermón de las Bienaventuranzas; Parábolas del Reino de los Cielos; La tempestad calmada; Promesa de Eucaristía
- **Año tercero** (32 – 33 años): La Transfiguración; Parábolas diversas; Resurrección de Lázaro; Traición de Judas; Última Cena (Caridad y Eucaristía); Prendimiento; Juicio; Crucifixión; Muerte y Sepultura; Resurrección y Ascensión

30 años · 31 años · 32 años · 33 años

1. PRIMEROS PASOS

NOS PREGUNTAMOS

¿Qué hizo Jesús durante los años de su vida oculta? ¿Carecen estos años de importancia? ¿Por qué?

1.1. EL BAUTISMO

Un día Jesús abandonó Nazaret, bajó a Judea y se hizo bautizar por Juan en el río Jordán. Cuando salía del agua vio al Espíritu Santo que, en forma de paloma, descendía sobre Él; y se oyó una voz desde los cielos:

–*Tú eres mi Hijo, el amado, en ti me he complacido* (Mt 3, 17).

De este modo, Jesucristo instituyó el sacramento del Bautismo, por el cual el bautizado es hecho hijo de Dios y miembro de Cristo y de su Iglesia.

Bautismo del Señor, *Giotto di Bondone.*

1.2. LAS TENTACIONES

Después de haber sido bautizado, Jesús se retiró a la soledad del desierto. Allí estuvo preparándose interiormente durante cuarenta días para la misión que iba a comenzar, orando al Padre y ayunando. Pasado este tiempo, el diablo le **tentó*** proponiéndole utilizar su poder divino de manera espectacular y en provecho propio. Jesús lo rechazó: –*¡Apártate de mí, Satanás!* (Mt 4, 1-11).

Las Bodas de Caná, *Giotto di Bondone.*

1.3. PRIMER MILAGRO

Jesús regresó al río Jordán y Juan el Bautista le presentó a algunos de sus discípulos: –*Este es el Cordero de Dios*. Estos, después de pasar la tarde con Jesús, comenzaron a seguirle (Jn 1, 35-51). Con sus nuevos discípulos y con su madre asistió a unas bodas en Caná de Galilea. Allí realizó su primer milagro *y sus discípulos creyeron en Él* (Jn 2, 1-11). (CIC, n.º 535 y ss.)

1. ¿Cuáles fueron los primeros hechos de la vida pública de Jesús?
2. Cuando Jesús fue bautizado, ¿cómo se manifestó cada persona de la Santísima Trinidad?
3. ¿Qué sucede en el Bautismo? ¿Cuáles son los efectos del sacramento del Bautismo? ¿A qué compromete?

1.4. ¿POR QUÉ JESÚS HACÍA MILAGROS?

Ya sabes que Jesús, en sus itinerarios por Palestina, hizo muchos **milagros*:** curaciones, resurrecciones de muertos, expulsiones de demonios, etc. Los evangelios mencionan treinta y cinco milagros diferentes obrados por Jesús, además de narraciones genéricas que muestran que los milagros de Jesús fueron numerosísimos. Así, por ejemplo, dice san Marcos: *Al atardecer, le presentaron a muchos endemoniados, y expulsó a muchos espíritus con su palabra y curó a todos los que estaban enfermos* (Mt 8, 16).

- Los milagros de Jesús son «signos» o «señales» de extraordinaria importancia:
- Sirven para manifestar que con Él **ha llegado el Reino de Dios** y la salvación de los hombres.
- Son manifestación de **su amor y de su misericordia.**
- Muestran que **Jesucristo es Dios** (Jn 10, 30-38).

La resurrección de Lázaro,
Giotto di Brondone.

Jesús no hace nunca ningún milagro en beneficio propio ni como un espectáculo: los hace siempre para suscitar la fe en Él y en su Reino. Por eso, al ver la fe del centurión, dijo: *Os digo que ni en Israel he encontrado una fe tan grande* (véase Lc 7, 1-10); en cambio, no hace milagros cuando los oyentes no aceptan su palabra.

San Juan escribe al final de su evangelio: *Muchos otros milagros hizo Jesús en presencia de sus discípulos que no están escritos en este libro. Estos han sido escritos para que creáis que Jesús es el Mesías, el Hijo de Dios* (Jn 21, 25).

Los milagros: signo de lo sobrenatural

Algunos, resistiéndose a lo que la razón no puede entender, han intentado negarlos, presentarlos como alucinaciones o atribuirlos a la invención de los primeros cristianos. Actualmente, por la comprobada historicidad de los evangelios, no se puede negar que Jesús hiciera milagros, es decir, hechos que no pueden explicarse por ninguna causa natural humana, y que son signos de un poder sobrenatural, divino.

➡ Lee Lc 7, 18-23 y responde: ¿a quién esperaban Juan y sus discípulos?, ¿qué respuesta da Jesús?, ¿qué quiere hacerles ver con esa contestación?

4. Piensa y razona: ¿de qué son «signos» los milagros de Jesús?

5. ¿Recuerdas con cierto detalle el milagro de la curación del siervo del centurión? Intenta relatarlo.

6. Reflexiona y contesta: ¿con qué finalidad cuentan los evangelistas los milagros de Jesús?

Vocabulario

Tentación: impulso que nos incita a hacer una cosa mala.

Milagro: hecho sobrenatural, no explicable por la razón ni por la ciencia, que es debido a la intervención divina.

2. LLAMADA A LOS APÓSTOLES

NOS PREGUNTAMOS

Los evangelios nos indican que casi todos los apóstoles elegidos por Jesús eran pescadores de profesión. De este modo, Jesús los llamó mientras desempeñaban su propio trabajo y oficio. ¿Sabes si alguno de los apóstoles no era pescador?

Vocación de Pedro y Andrés, *Duccio di Buoninsegna.*

2.1. LOS DOCE APÓSTOLES

Caminando junto al mar de Galilea vio a Simón y a Andrés, hermano de Simón, que echaban las redes en el mar, pues eran pescadores. Y Jesús les dijo: Venid en pos de mí y yo os haré pescadores de hombres. Al instante, dejando las redes, le siguieron. Y continuando un poco más allá, vio a Santiago, el de Zebedeo, y a Juan, su hermano, que estaban también remendando sus redes en la barca, y los llamó. Ellos, dejando a su padre en la barca con los jornaleros, se fueron en pos de Él (Mc 1,16-20).

Más adelante, Jesús escogió entre sus discípulos a los **doce apóstoles*:** *Simón, a quien puso también el nombre de Pedro, y Andrés, su hermano; Santiago y Juan, Felipe y Bartolomé; Mateo y Tomás, Santiago el de Alfeo y Simón llamado el Celador; Judas Tadeo y Judas Iscariote, que fue el traidor* (Lc 6, 13-16).

Y entre esos doce, escogió a **Simón Pedro** para ponerlo al frente de su **Iglesia*** (Mt 16, 17-19).

La razón por la que Jesús, al poco de comenzar su vida pública, escogió a los doce apóstoles fue para enseñarles su doctrina y hacerles **partícipes de su misión salvadora.** Quiso que fueran doce, como doce eran las tribus de Israel, para significar la estrecha relación de continuidad entre el Antiguo y el Nuevo Testamento. A ellos les dio la autoridad sobre la Iglesia. Donde está el Papa y los obispos, sucesores de los apóstoles, allí está la Iglesia.

7. ¿Cuáles son los nombres de los doce apóstoles?

8. ¿Para qué misión les llamó Jesús? ¿A quién escogió como jefe de los apóstoles? ¿Quién realiza hoy esa misión en la Iglesia?

2.2. LOS DISCÍPULOS Y LA MUCHEDUMBRE

- **Los discípulos**

Eran aquellos que se unían a la doctrina de Jesús y procuraban vivir de acuerdo con ella. Le seguían con mayor o menor constancia y le reconocían como su Maestro. Después de la Resurrección y Ascensión de Jesús, los que creen en Él y son bautizados también se llaman **discípulos*,** y unos años más tarde empiezan a llamarse «cristianos». Cristiano, que significa «discípulo de Jesucristo».

- **La muchedumbre**

A menudo los evangelios nos hablan de multitudes que se acercaban a Jesús para escuchar sus palabras y para llevarle enfermos: *Y le llevaron todos los enfermos... y la ciudad entera se agolpaba junto a la puerta. Y curó a muchos que padecían diversas enfermedades* (Mc 1, 32-34). También dicen los evangelios que acudían a escucharle grandes multitudes de Jerusalén, de Idumea, de más allá del Jordán y de los alrededores de Tiro y de Sidón. Estas gentes –hombres, mujeres, pequeños y mayores, sanos y enfermos– se acercaban con frecuencia a Jesús atraídos por sus enseñanzas y por sus milagros.

Entrada de Jesús en Jerusalén,
de Giotto di Bondone.

9. ¿Podrías mencionar los nombres de algunos discípulos de Jesús que aparezcan en los evangelios?

10. ¿Por qué acudían a Jesús aquellas muchedumbres?

LAS MUJERES QUE SEGUÍAN A JESÚS

Además de los doce apóstoles, también unas mujeres piadosas de Galilea acompañaban habitualmente a Jesús y se hacían cargo de sus necesidades materiales. Algunas eran parientes de los apóstoles o del propio Jesús, otras habían sido curadas por el Maestro. Las encontramos al pie de la cruz y son las primeras en ir al sepulcro la mañana de la resurrección. Conocemos los nombres de algunas como María Magdalena, Juana, Salomé y Susana.

➡ Consulta los siguientes textos de los evangelios y haz una lista de las mujeres que se citan, aportando algunos datos más significativos sobre ellas: Lc 8, 1-3; Mc 16, 9; Lc 24, 1-12; Jn 20, 11-18.

VOCABULARIO

Apóstoles: palabra griega que significa «enviado con representación oficial». Se aplica a los doce discípulos elegidos especialmente por Jesús para que fueran testigos de su vida y de su Resurrección.

Iglesia: es el pueblo de Dios que, con Jesucristo resucitado y guiado por el Espíritu Santo, camina hacia Dios Padre.

Discípulos: los hombres y mujeres que seguían a Jesús y vivían sus enseñanzas. También ahora todos los bautizados son también discípulos de Jesús.

3. EL SERMÓN DE LA MONTAÑA

NOS PREGUNTAMOS

¿Recuerdas dónde está el lago de Tiberíades, cerca del cual predicó Jesús el Sermón de la Montaña? ¿Qué otros sucesos de la vida de Jesús ocurrieron en ese lago?

Iglesia de las Bienaventuranzas.

LAS «BIENAVENTURANZAS» DE LA SOCIEDAD DE CONSUMO

Vivimos en una sociedad de consumo en la que las Bienaventuranzas enseñadas por Jesús no parecen «estar de moda». La publicidad nos acosa cada día con anuncios que presentan la felicidad suma de los seres humanos en cosas que se ofrecen como «el no va más»:

- Coches y motos de superlujo.
- Cultivo de un cuerpo bello y sano.
- El placer de unas vacaciones en el Caribe.
- Alimentos muy apetecibles y que no engordan.
- Colonias y ropa de marcas famosas, etc.

➡ ¿Piensas que estas «bienaventuranzas» llevan al ser humano a la verdadera felicidad? ¿Por qué? ¿Dónde se encuentra ésta?

3.1. LAS BIENAVENTURANZAS

Jesús subió a un promontorio cercano al lago de Tiberiades, se sentó, y expuso a sus discípulos el camino que habían de seguir para alcanzar su Reino. Estas enseñanzas de Jesús se conocen con el nombre de **Sermón de la Montaña,** que comienza con las ocho **Bienaventuranzas*** (Mt 5, 1-12). En este sermón se encierra, en germen, todo el contenido del Evangelio. El espíritu de las Bienaventuranzas consiste en tener una firme decisión de amar a Dios y a nuestros prójimos en todas las circunstancias de la vida, aun en las más difíciles. El premio que anuncia Jesús a sus discípulos es la felicidad plena y eterna con Dios en el Reino de los cielos.

Las Bienaventuranzas son la felicidad plena que Jesús promete a quienes le sigan por la senda del Evangelio para alcanzar el Reino de los cielos.

Bienaventurados* *los pobres de espíritu, porque de ellos es el Reino de los cielos.*
Bienaventurados los que lloran, porque ellos serán consolados.
Bienaventurados los mansos, porque ellos heredarán la tierra.
Bienaventurados los que tienen hambre y sed de justicia, porque ellos serán saciados.
Bienaventurados los misericordiosos, porque ellos alcanzarán misericordia.
Bienaventurados los limpios de corazón, porque ellos verán a Dios
Bienaventurados los pacíficos, porque ellos serán llamados hijos de Dios.
Bienaventurados los que padecen persecución por ser justos, porque de ellos es el Reino de los Cielos.

11. Lee y aprende las Bienaventuranzas. Explica quiénes son hoy los pobres de espíritu, los que lloran, los mansos, los que tienen hambre y sed de justicia, etc.

12. ¿Qué importancia tienen las Bienaventuranzas en el conjunto de las enseñanzas de Jesús? ¿Por qué?

4. «TÚ ERES EL CRISTO, EL HIJO DE DIOS VIVO»

4.1. LA CONFESIÓN DE PEDRO

En una ocasión Jesús preguntó a los apóstoles qué decía la gente sobre Él. Después de oír varias respuestas, insistió: *–¿Y vosotros quién decís que soy yo? Pedro contestó: –Tú eres el Cristo, el Hijo de Dios vivo.* Es decir, tú eres el Hijo eterno de Dios. Estas palabras las dijo Pedro inspirado por Dios. El reconocimiento de la divinidad de Jesús es la clave para comprender su persona, su mensaje y toda su misión salvadora (Mt 16, 13-20).

4.2. LA TRANSFIGURACIÓN

Pedro, Santiago y Juan eran los apóstoles más íntimos de Jesús. Una vez subió con ellos a un monte y su aspecto se transformó: se volvió resplandeciente y estaban junto a Él, Moisés y Elías. Fue una manifestación momentánea de su divinidad, habitualmente oculta por su humanidad, para dar esperanza y fe a los apóstoles ante la persecución que se avecinaba. Pero les advirtió que de momento no lo contaran a nadie (Lc 9, 28-36).

4.3. JESÚS SE MANIFIESTA COMO DIOS

Jesús se presentó muchas veces como Dios, igual al Padre:

- Afirmó tener poder para perdonar los pecados –que sólo Dios posee– (Mt 9, 4-6).
- Dijo: *El Padre y Yo somos uno* (Jn 10, 30).
- Afirmó que juzgaría a todos los hombres y mujeres al final del mundo (Mt 25, 31-46), etcétera.

4.4. RESURRECCIÓN DE LÁZARO

Uno de los milagros de Jesús que despertó más entusiasmo fue la resurrección de Lázaro, un amigo suyo de Betania que llevaba cuatro días muerto. El suceso se divulgó y muchos judíos creyeron que Jesús era el Mesías que llevaban tanto tiempo esperando. Esto enfureció a los fariseos que decidieron acabar con Él (Jn 11, 1-53).

13. ¿Qué dijo Simón Pedro de Jesús? ¿Qué importancia tiene este testimonio?

14. ¿Qué significado tiene el milagro de la Transfiguración de Jesús? ¿Para qué lo hizo el Señor?

15. Los enemigos de Jesús también fueron testigos de la resurrección de Lázaro y, sin embargo, no creyeron en Él. ¿Cómo se explica esto?

Transfiguración, *Rafael.*

LA DECISIÓN DE MATAR A JESÚS

Entonces los pontífices y los fariseos se reunieron en consejo y decían: *¿Qué hacemos?, porque este hombre hace muchos milagros. Uno de ellos, Caifás, que era el Sumo Sacerdote aquel año, les dijo:*
–Conviene que muera un solo hombre por el pueblo y no que perezca toda la nación...
Y desde aquel día decidieron dar muerte a Jesús.

(Jn 11, 47-53)

➡ ¿Por qué tomaron los pontífices y los fariseos esa decisión?

VOCABULARIO

Bienaventuranzas: significan la felicidad plena que Jesús dará a sus discípulos en el Reino de los cielos.

Bienaventurados: son quienes participan dichosamente de la visión de Dios, de la filiación divina y de la felicidad eterna en el cielo.

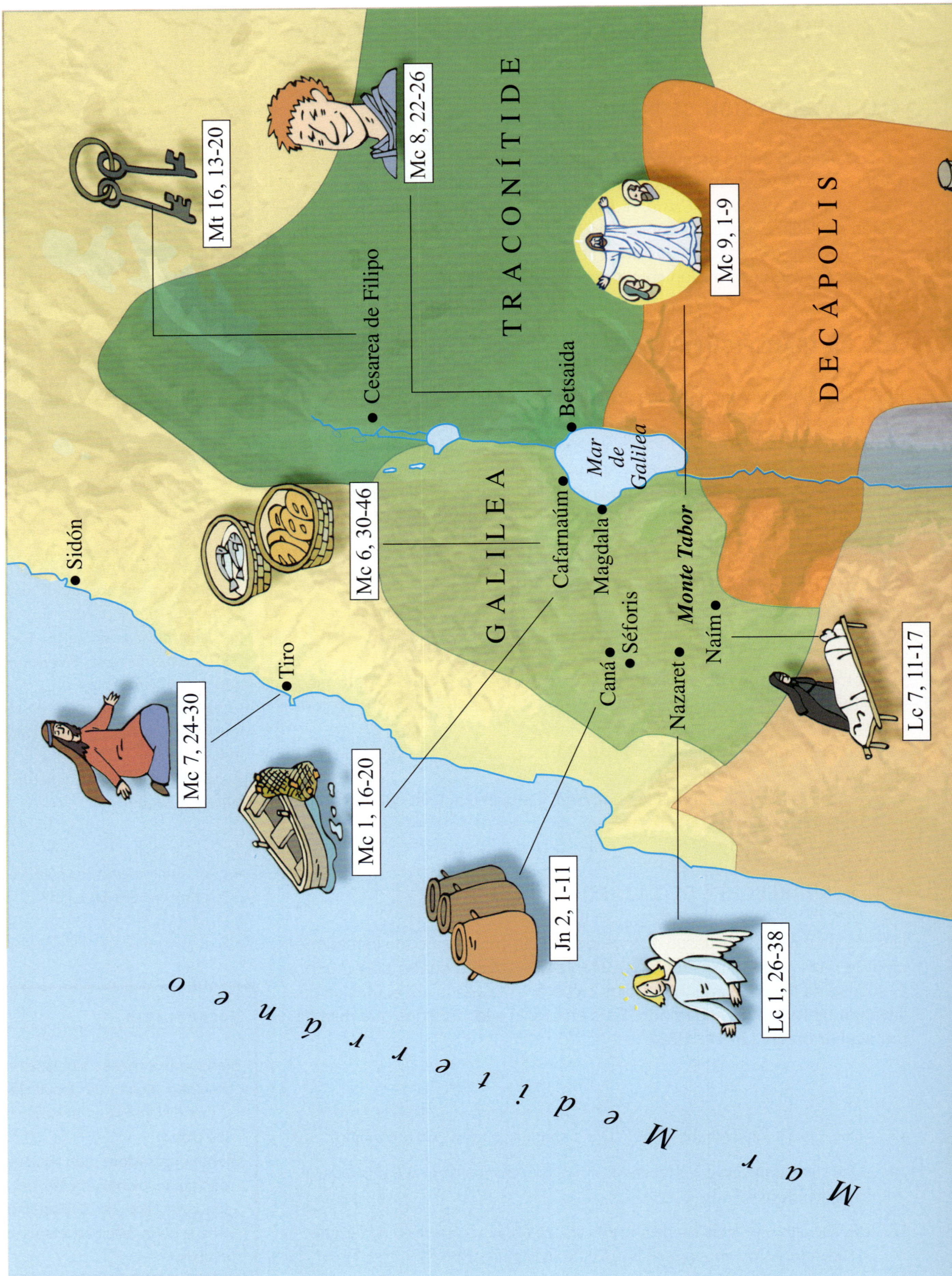
Sidón
Tiro
Mc 7, 24-30
Mc 1, 16-20
Mt 16, 13-20
Cesarea de Filipo
Mc 8, 22-26
TRACONÍTIDE
Betsaida
Mc 6, 30-46
GALILEA
Cafarnaúm
Mar de Galilea
Magdala
Séforis
Caná
Jn 2, 1-11
Nazaret
Lc 1, 26-38
Monte Tabor
Naím
Lc 7, 11-17
Mc 9, 1-9
DECÁPOLIS
Mar Mediterráneo

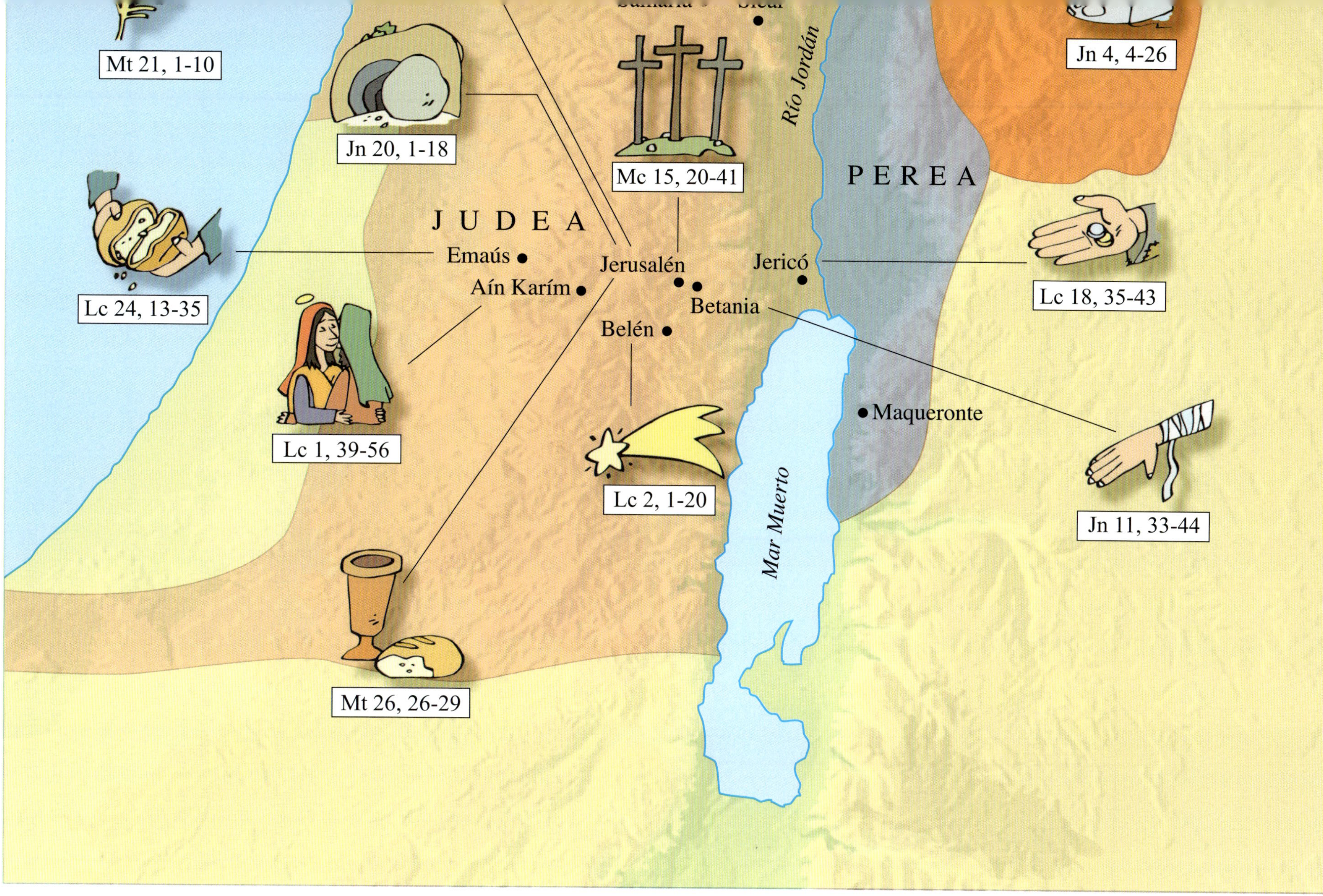

16. Busca las citas bíblicas que aparecen en el mapa y escribe en tu cuaderno a qué pasajes bíblicos hacen referencia.

17. Realiza un resumen de cada uno de estos e indica el lugar donde sucedieron y las principales personas que intervinieron.

SÍNTESIS

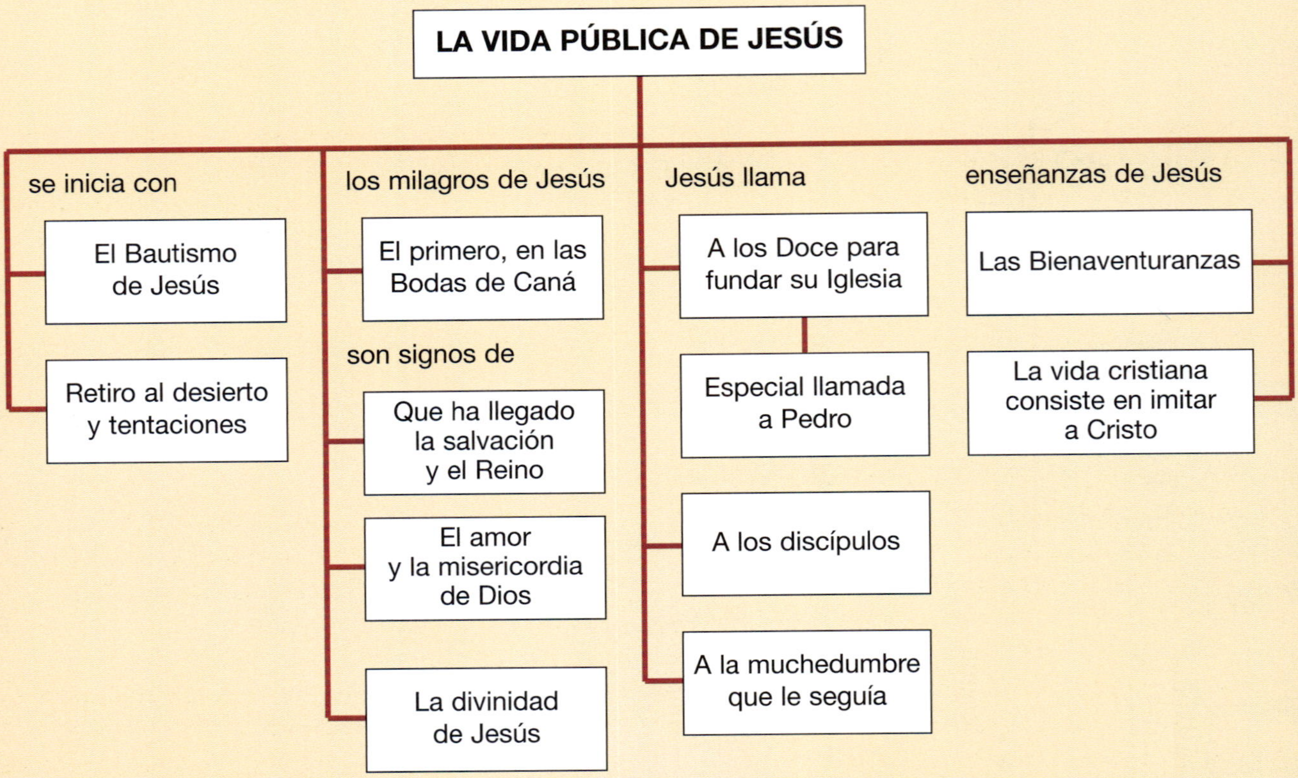

1. El Bautismo de Jesús es el comienzo de su vida pública. Al ser bautizado Jesús se apareció el Espíritu Santo y Dios Padre nos dijo que Él era su Hijo amado.

2. Jesús se retiró al desierto y allí fue tentado por el demonio. Jesús le rechazó.

3. Jesús asistió a unas bodas en Caná de Galilea. Allí hizo su primer milagro y sus discípulos creyeron en Él.

4. Así llamó Jesús a los primeros: *Caminando junto al mar de Galilea vio a Simón y a Andrés, hermano de Simón, que echaban las redes en el mar, pues eran pescadores. Y Jesús les dijo: Venid en pos de mí y yo os haré pescadores de hombres*.

5. Poco tiempo después, Jesús escogió entre sus discípulos a los doce apóstoles para formar su Iglesia. Simón Pedro fue escogido por Jesús para ser el jefe de los apóstoles. El Papa, sucesor de Pedro, es el vicario de Cristo en la tierra.

6. En el entorno de Jesús se pueden distinguir varios grupos de personas: los apóstoles, los discípulos, la muchedumbre y las santas mujeres.

7. Jesús enseñó en el Sermón de la Montaña las ocho Bienaventuranzas. En este sermón se contiene todo el Evangelio como en su germen.

8. Jesús llamó a sus discípulos para que le siguieran imitando su vida y viviendo los mandamientos del amor a Dios y al prójimo y el espíritu de las Bienaventuranzas.

ACTIVIDADES

DE EVALUACIÓN

1. Contesta muy brevemente a estas preguntas:
   a) ¿Cuál fue la misión de Juan el Bautista?
   b) ¿Cómo se inició la vida pública de Jesús?
   c) ¿Dónde tuvo lugar el Bautismo de Jesús?
   d) ¿Cuál fue su primer milagro?

2. Completa esta frase:
   Cuando Jesús salió del agua después de ser bautizado, se oyó una voz del cielo que dijo: «Tú eres mi ....»

3. Los doce apóstoles son muy importantes en la Iglesia. Indica, entre los siguientes nombres, los que fueron apóstoles de Jesucristo:
   Mateo, Zacarías, Lucas, Judas Tadeo,
   Judas Macabeo, Pedro, Juan, Felipe, Andrés,
   Zaqueo, Marcos, Nicodemo, José de Arimatea.

4. ¿Qué cuatro grupos de seguidores descubrimos en las páginas de los evangelios y cómo seguía cada uno de ellos a Jesús?

5. Indica un pasaje del Evangelio en el que aparezca cada uno de estos grupos.

6. ¿Recuerdas el Sermón de la Montaña?
   a) ¿Qué enseñó Jesús en este sermón?
   b) ¿A quiénes lo dirigió?
   c) ¿Qué son las Bienaventuranzas?
   d) ¿Cuántas y cuáles son?
   e) ¿Qué importancia tienen para la vida del cristiano?

7. Busca estas citas en el evangelio y localiza el lugar donde ocurrió cada hecho. Escribe primero el nombre del lugar y, al lado, escribe la frase. Puede haber más de un suceso en una misma población.

1	Jesús nació allí	Lc 2, 1-20
2	Es el lugar donde Jesús vivió más tiempo	Lc 2, 51-52
3	Fue el centro de la actividad de Jesús en Galilea	Mt 4, 12-17
4	Jesús conversó con una mujer samaritana	Jn 4, 5-26
5	Predicó las Bienaventuranzas	Mt 5, 1-12
6	Jesús subía para celebrar las fiestas judías	Jn 2, 13

DE REFUERZO

1. Investiga en los evangelios: ¿Dónde sucedieron estos hechos?
   a) Curación de un endemoniado: Mc 1, 21-28.
   b) Resurrección de un joven: Lc 7, 11-17.
   c) Curación del ciego Bartimeo: Mc 10, 46-52.
   d) Pesca milagrosa: Lc 5, 1-11.
   e) Confesión de Pedro: Mt 16, 13-20.

2. Jesús aceptaba las invitaciones de sus amigos y conocidos. ¿Dónde lo vemos comiendo?
   Jn 2, 1-11; Mc 2, 13-17; Lc 10, 38-42; Lc 14, 1-6; Lc 19, 1-10; Jn 12, 1-2.

3. En estos pasajes evangélicos descubrirás a Jesús enseñando en lugares muy diversos. ¿Cuáles son?
   Mt 5, 1-12; Lc 5, 1-3; Mc 2, 13; Mt 9, 10;
   Mc 10, 32; Mc 2, 1-2; Lc 6, 6; Jn 8 2.

4. Demuestra lo que has aprendido hasta ahora. Elige una escena de las actividades anteriores e imagina que eres un personaje del evangelio, el que quieras. Escribe una carta a tu familia contando cosas de los últimos días que has pasado con Jesús. Pon imaginación y utiliza muchos de los datos que ya conoces: cronológicos, geográficos, sociales, históricos, personales, etc.

5. Descubre detalles sobre los apóstoles: ¿Qué hacía cada uno de ellos cuando Jesús les llamó y qué tienen en común sus reacciones? ¿Qué palabras utiliza cada uno para presentar a Jesús a otro?

6 Busca estas citas en el evangelio y localiza el lugar donde ocurrió cada hecho. Escribe primero el nombre del lugar y, al lado, escribe la frase:

1	Pedro reconoció a Jesús como Mesías e Hijo de Dios	Mt 16, 13-20
2	Una viuda recuperó a su hijo con vida	Lc 7, 11-17
3	Allí vivían Lázaro, Marta y María	Lc 10, 38-42
4	Zaqueo invitó a Jesús a comer en su casa	Lc 19, 1-10
5	Jesús curó a un paralítico bajado por el techo de la casa	Mc 2, 1-12
6	Se transfiguró su aspecto en presencia de tres apóstoles	Lc 9, 28-36
7	Jesús murió crucificado y resucitó	Lc 23, 1-25

PARA SABER MÁS

LOS QUE SEGUÍAN A JESÚS. LOS DOCE APÓSTOLES

Ya hemos referido la llamada de Jesús a los doce, a los que denominó apóstoles (Lc 6, 12-16). Vivían con él, le acompañaban a todas partes y le ayudaban en la predicación. Jesús les fue instruyendo poco a poco para que después difundiesen el evangelio por todo el mundo y fuesen el fundamento de la Iglesia. Eran hombres sencillos, que, en medio de sus fallos, amaban a Jesús con todo su corazón.

¿Quiénes fueron los doce apóstoles?

Pedro (Simón): pescador de Cafarnaúm, natural de Betsaida. Jesús lo eligió como cabeza visible de la Iglesia. Es autor de dos cartas del Nuevo Testamento.

Andrés: hermano de Pedro y pescador como él. Antiguo discípulo de Juan el Bautista, fue uno de los dos primeros seguidores de Jesús.

Santiago: pescador de Cafarnaúm, hijo de Zebedeo, y hermano de Juan. Forma parte del grupo de los tres apóstoles más íntimos, con Pedro y Juan.

Juan: hermano de Santiago. Era el discípulo amado de Jesús y lo acompañó fielmente hasta su muerte en la cruz; después, cuidó de la Virgen María. Autor del cuarto evangelio, de tres cartas del Nuevo Testamento y del Apocalipsis.

Felipe: nacido en Betsaida, fue de los primeros en conocer a Jesús después del bautismo.

Natanael (Bartolomé): presentado a Jesús por su amigo Felipe. Jesús le calificó como un verdadero israelita en quien no hay doblez.

Mateo (Leví): publicano de Cafarnaúm. Jesús le llamó mientras recaudaba impuestos y él invitó a Jesús a su casa. Es el autor del primer evangelio.

Tomás: se resistió a creer en la Resurrección de Jesús, pero cuando le vio y le tocó exclamó: *¡Señor mío y Dios mío!*

Simón: perteneció al grupo de los zelotes.

Santiago (el Menor): se le conoce como Santiago el Menor, para distinguirlo del hermano de Juan. Autor de una de las cartas del Nuevo Testamento.

Judas Tadeo: hermano de Santiago el Menor. Autor de una de las cartas del Nuevo Testamento.

Judas Iscariote: entregó a Jesús por treinta monedas de plata. Se arrepintió pero, desesperado, se suicidó ahorcándose.

1. Completa en tu cuaderno este esquema y demostrarás que conoces bien a los doce apóstoles del Señor:

1	Ocupa un lugar destacado en el grupo de los doce
2	Tres fueron los más íntimos de Jesús
3	Dos habían sido discípulos de Juan Bautista
4	Hay tres parejas de hermanos
5	Antes recaudaba impuestos
6	Fue incrédulo, pero luego creyó
7	Cinco son autores de escritos del Nuevo Testamento
8	Dos son evangelistas
9	Traicionó a Jesús

2. Busca algunas citas del evangelio referidas a algunos de los doce apóstoles.

3. ¿Sabes quiénes son actualmente en la Iglesia los sucesores de los apóstoles?

ACTIVIDAD FINAL

¿Qué pasa ahora en la tierra de Jesús?

Ya sabes que, por desgarcia, la tierra donde transcurrió la historia del pueblo de la Biblia y donde Dios se reveló a la humanidad es desde hace años escenario de serios conflictos.

El año 70 d. C. Palestina fue duramente castigada por los ejércitos romanos y el pueblo judío se dispersó. Con el paso de los siglos, los judíos se encontraban dispersos por muchos países de Europa y de América. Actualmente en la tierra de Palestina existe el Estado de Israel, donde habitan judíos y palestinos, estos en su mayoría de religión musulmana.

Ahora podrás investigar y conocer algunos datos sobre esta situación y cómo se ha llegado hasta ella.

1. Consultando un atlas escribe el nombre de los países que limitan con el Estado de Israel y la capital de cada uno.

2. Investiga en la misma fuente cuál es la capital de Israel, cuáles son las principales ciudades y el número de habitantes del país.

3. Consulta desde qué año existe el actual estado de Israel y quién fue su primer presidente.

4. ¿Qué hecho sucedido durante la segunda Guerra Mundial fue determinante para la formación del moderno estado de Israel y qué organismo decidió su creación?

5. Cuando se creó el estado de Israel otro pueblo habitaba ya aquel territorio bajo dominio británico. ¿Cuál era? ¿Sabes cuál es la situación actual de este pueblo?

6. Desde la creación del estado de Israel se han librado tres guerras entre Israel y sus vecinos. Investiga sobre ellas y relaciona cada una con el año en que tuvo lugar:

Guerra de Yom Kippur	1948
1.ª Guerra árabe-israelí	1967
Guerra de los 6 días	1973

7. Busca el significado de estas palabras relacionadas con el conflicto palestino-israelí: *sionismo*, *intifada*, *Mossad*, *Hamas*, *Gaza*, *Cisjordania*.

8. Finalmente, recorta una noticia del periódico sobre Israel, pégala en tu cuaderno y haz un resumen.

8 MUERTE Y RESURRECCIÓN DE JESUCRISTO

Él llevaba nuestros dolores,
soportaba nuestros sufrimientos.
Aunque lo creíamos castigado,
herido por Dios y humillado,
eran nuestras rebeliones las que lo traspasaban
y nuestras culpas las que lo trituraban.
Sufrió Él nuestro castigo
y en sus llagas hemos sido curados.

(Is 53, 3-8)

Fotograma de La Pasión, *de Mel Gibson.*

ESQUEMA DE LA UNIDAD

1. Jesús nos habla de Dios
- Jesús nos muestra a Dios como Padre
- El misterio de la Santísima Trinidad

2. La Redención obrada por Jesús
- Jesús es el Redentor

3. El sacrificio de Jesús en la cruz

4. La Resurrección de Jesús
- La importancia de la Resurrección
- La fe en Jesucristo como Dios y Señor
- La Resurrección y la vida eterna

5. El Cielo

REFLEXIONAMOS Y COMENTAMOS

Del terrible campo nazi de exterminio de Auschwitz se escapó un prisionero a finales de julio de 1941. Como represalia, el jefe del campo designó al azar a diez presos para que murieran en el búnker del hambre. Uno de los señalados, Francisco Gajowiczek, empezó a llorar mientras decía: «¿Qué será de mi mujer y de mis hijos?»

En ese momento, otro preso (que no era de los elegidos) se adelantó diciendo: «Me ofrezco voluntario para morir a cambio de ese padre de familia. Soy sacerdote católico».

El preso número 16 670 de aquel campo de exterminio era el padre franciscano polaco Maximiliano Kolbe. Sin comida ni bebida los cuerpos de los diez hombres fueron consumiéndose durante días y días en el búnker del hambre. Al final de la tercera semana solo quedaban vivos cuatro de ellos; para acabar con sus vidas les inyectaron veneno. El último en morir fue Maximiliano Kolbe.

El Papa Juan Pablo II lo declaró santo el 10 de octubre de 1982 con el título de «mártir de la caridad». En la Plaza de San Pedro estaba presente aquel día, con ochenta y un años de edad, el antiguo sargento polaco Franciszek Gajowiczek.

DIALOGAMOS

- ¿Qué ofreció el padre Kolbe para salvar la vida del otro prisionero? ¿Estaba obligado a hacerlo? ¿Por qué lo hizo?
- ¿Encuentras alguna relación o semejanza en este suceso con la muerte de Jesús en el Calvario?

1. JESÚS NOS HABLA DE DIOS

? **NOS PREGUNTAMOS**

Desde las etapas más tempranas de la humanidad nos han llegado vestigios (pinturas, esculturas, tumbas, etc.) que nos hablan de la inquietud del ser humano por relacionarse con el Ser Supremo y Poderoso, al que desconoce, pero que presiente en su alma y a través de la naturaleza creada... ¿Recuerdas qué tipo de sentimientos tenían los seres humanos hacia Dios en esas etapas de la humanidad?

1.1. JESÚS NOS MUESTRA A DIOS COMO PADRE

En tiempos de Jesús la actitud de los judíos ante Dios era principalmente, de reverencia y temor. Le sentían como un ser lejano e inaccesible.

El hijo pródigo *(detalle), de Rembrandt, s. XVII.*

- Sin embargo, **Jesús habló de Dios como de un Padre cercano y atento a las necesidades de los seres humanos,** con quien se puede hablar y dialogar confiadamente. Y, sobre todo, reveló un misterio consolador: *Mi Padre os ama*. Y nos enseñó a dirigirnos a Él: *Cuando oréis decid: Padre nuestro...* Fue una gran revelación, pues si Dios es nuestro Padre nosotros somos sus hijos, y un hijo no ha de tener miedo ante un padre que le ama. Lo que sí debe es corresponder con respeto, cariño y obediencia fiel.

- A la vez, **Jesús distinguía entre «mi Padre y vuestro Padre»,** porque Jesús es el Hijo eterno de Dios Padre, de la misma naturaleza del Padre; es decir, Jesús es Dios como su Padre y como el Espíritu Santo; el cristiano, en cambio, es hijo de Dios por adopción, desde el momento en que recibe el Bautismo. El cristiano es hijo adoptivo de Dios.

- **Confianza y amistad.** Nuestra relación con Dios Padre debe ser de confianza y de amistad. Por eso, en la oración hemos de acudir a Él con confianza filial y, cuando le hemos ofendido, hemos de volver a Él de corazón para pedirle perdón.

+ **UN PADRE QUE PERDONA**

Jesús nos enseñó por medio de la parábola del hijo pródigo cómo es el corazón de Dios hacia sus hijos los hombres.

➡ Lee esta parábola (Lc 15, 11 y ss.) y elabora un esquema con las enseñanzas que contiene.

1. ¿Qué actitud tenían los judíos ante Dios?

2. El hecho de saber que Dios es un Padre que nos ama ¿qué consecuencias debe tener en la vida de un cristiano? ¿Cuáles deben ser las actitudes de un joven cristiano ante Dios Padre?

1.2. EL MISTERIO DE LA SANTÍSIMA TRINIDAD

- **Un solo Dios.** En el Antiguo Testamento, Dios reveló que existe un solo Dios. Protegió así a su pueblo escogido del peligro del politeísmo y de la idolatría en que habían caído los demás. Dios dijo a su pueblo por medio de Moisés: *Escucha Israel: el Señor tu Dios es el único Señor* (Dt 6, 4-5).

- **Tres personas distintas.** ¿Añadió Jesús alguna nueva revelación sobre la intimidad de Dios? Sí, Jesús nos reveló el **misterio de la Santísima Trinidad***, que consiste en que hay **un solo Dios que es, a la vez, tres Personas distintas: el Padre, el Hijo, y el Espíritu Santo.** Solo Dios puede comprender el misterio de su realidad completa, pero gracias a Jesús los cristianos hemos podido penetrar un poco en el misterio de la intimidad divina (CIC, n.º 237).

Dios Padre tiene un Hijo igual a Él en la divinidad, engendrado desde toda la eternidad. Y del Padre y del Hijo, amándose mutuamente, procede, en el seno de la misma divinidad, el Espíritu Santo, igual en todo al Padre y al Hijo.

No son como tres personas humanas que están en una habitación, porque cada una de ellas no es «toda la humanidad». En Dios, cada una de las divinas Personas es toda la divinidad.

Jesús nos revela este misterio. Este inmenso misterio nos fue revelado por medio de Jesucristo en muchas de sus enseñanzas; por ejemplo, en el Bautismo de Jesús (Mt 3, 13-17) y en la despedida de la Ascensión, al decir a sus apóstoles: *Id, pues, y bautizad en el nombre del Padre, y del Hijo, y del Espíritu Santo* (Mt 28, 19-20). El Padre envía al Hijo para salvarnos (Jn 3).

La Santísima Trinidad *(detalle), El Greco. Museo del Prado, Madrid.*

EL TESTIMONIO DE SAN AGUSTÍN

Cuentan que un día san Agustín paseaba por la playa pensando cómo poder entender el misterio de la Santísima Trinidad. Vio un niño que metía agua con una concha en un pequeño pozo en la arena. Le preguntó qué hacía. El niño contestó que quería meter toda el agua del mar en ese pequeño pozo. El obispo Agustín le dijo que eso era imposible porque el mar es inmenso. Y el niño le contestó: «pues más difícil aún es que tú puedas entender el misterio de la Santísima Trinidad».

➡ ¿Podemos los hombres comprender plenamente este misterio? ¿Por qué?

3. Explica en qué consiste el misterio de la Santísima Trinidad.

4. ¿Sabrías distinguir las tres divinas Personas en el relato de la Anunciación? (Lc 1, 26-38.) ¿Y en la escena del Bautismo de Jesús? (Mt 3, 13-17.)

VOCABULARIO

Santísima Trinidad: Dios es Padre, Hijo y Espíritu Santo. En Dios existe una sola naturaleza y tres personas. Así, una es la persona del Padre, otra la del Hijo y otra la del Espíritu Santo. Pero el Padre, el Hijo y el Espíritu Santo tienen la misma naturaleza divina.

2. LA REDENCIÓN OBRADA POR JESUCRISTO

Nos preguntamos

Antiguamente algunas penas y condenas se podían redimir pagando una cantidad de dinero. ¿Sabías que Miguel de Cervantes, autor de *El Quijote,* estuvo cautivo cinco años en una prisión de Argel, hasta que en 1579 sus familiares, a través de los religiosos Mercedarios, que se dedicaban a redimir cautivos, pagaron el dinero necesario para su libertad? ¿Conoces algún caso parecido?

- **La Humanidad necesitaba un Redentor.** La palabra **redención*** viene de «redimir»: es pagar un dinero o hacer un trabajo en favor de otro para conseguir su libertad. La Humanidad estaba postrada en un estado de enemistad con Dios. Ningún hombre, con sus solas fuerzas y méritos, podía ganar la liberación del pecado y reconciliar a los hombres con Dios, ya que el pecado es en cierta medida una ofensa infinita a Dios.

- **Jesucristo vino para rescatarnos.** Solo alguien que fuera Dios podía pagar al Altísimo un rescate en favor de todos los hombres. Y solo alguien que fuera hombre podría hacerlo en nombre de toda la Humanidad. Esto es lo que hizo Jesús al ofrecerse en **sacrificio*** en la cruz para «pagar» por los pecados de los hombres. Por eso a Jesucristo le llamamos nuestro Redentor (CIC, n.º 601).

- **¿Por quiénes padeció y murió Jesús?** Jesús padeció y murió por todos los hombres de todos los tiempos, pasados, presentes y futuros. Jesucristo nos redimió así del pecado original y de todos los pecados personales. Su sacrificio ofrecido a favor nuestro nos devolvió a la amistad con Dios. A esto se llama redención objetiva.

- **¿Cómo se aplican a nosotros los méritos infinitos de Cristo?** Se nos aplican por la fe en Él y por medio de los Sacramentos. Esto es la redención subjetiva, es decir, la aplicación a cada persona de la redención objetiva obrada por Jesucristo.

«La Oración de Jesús en el Huerto», fotograma de La Pasión, *de Mel Gibson.*

La prueba de que Dios nos ama

Al entregar a su Hijo por nuestros pecados, Dios manifiesta su amor a los hombres: *En esto consiste el amor: no en que nosotros hayamos amado a Dios, sino en que Él nos amó y nos envió a su Hijo como propiciación por nuestros pecados* (1 Jn 4, 10; cf. 4, 19). La prueba de que Dios nos ama es que Cristo, siendo nosotros todavía pecadores, murió por nosotros (Rm 5, 8).

➡ ¿Cuál es la prueba del amor infinito de Dios a los seres humanos? Razónalo.

5. Piensa y contesta: ¿por qué Jesucristo podía «pagar» por los pecados de todos los hombres?

6. Explica con tus palabras qué entiendes por «Redención». ¿De qué nos redimió Jesús? ¿Qué diferencias descubres entre la redención objetiva y la subjetiva?

7. ¿Cómo se nos aplica a cada uno la Redención de Jesucristo?

3. EL SACRIFICIO DE JESÚS EN LA CRUZ

Dios Padre podía haber elegido otro medio para redimirnos, pero escogió el sacrificio de su Hijo en la cruz para que entendiéramos mejor la malicia del pecado y para darnos, por medio de su Hijo, una muestra de su amor y obediencia al Padre. Veamos el relato de la crucifixión y muerte de Jesús:

JESÚS CLAVADO EN LA CRUZ

NARRADOR: Al llegar al Gólgota, lugar de la Calavera, lo crucificaron y se repartieron sus ropas. Jesús decía:

JESÚS: Padre, perdónales porque no saben lo que hacen.

NARRADOR: Era media mañana. En el letrero de la acusación estaba escrito: JESÚS NAZARENO, REY DE LOS JUDÍOS. Crucificaron con Él a dos ladrones, uno a su izquierda y otro a su derecha. El de la derecha le dijo:

PERSONAJE: Acuérdate de mí cuando llegues a tu reino.

NARRADOR: Jesús le dijo:

JESÚS: Hoy mismo estarás conmigo en el paraíso.

NARRADOR: Los que pasaban lo injuriaban diciendo:

PERSONAJE: A otros ha salvado y a sí mismo no se puede salvar. Si es el rey de Israel, que baje ahora de la cruz y creeremos en Él. Ha puesto su confianza en Dios, que le salve ahora, si es que lo ama, pues dijo: «Soy Hijo de Dios».

NARRADOR: Junto a la cruz de Jesús estaban su madre, la hermana de su madre –María la de Cleofás– y María Magdalena. Jesús, al ver a su madre y cerca al discípulo que tanto quería, le dijo a ésta:

JESÚS: Mujer, ahí tienes a tu hijo.

NARRADOR: Luego dijo al discípulo:

JESÚS: Ahí tienes a tu madre.

NARRADOR: Y desde aquella hora, el discípulo la recibió en su casa.

Crucifixión, *Rubens.*

MUERTE DE JESÚS

NARRADOR: Al llegar el mediodía, toda la región quedó en tinieblas. Y a media tarde, Jesús clamó:

JESÚS: *Eloí, Eloí, lamá sabaktaní* (esto es: Dios mío, Dios mío, ¿por qué me has abandonado?).

NARRADOR: Después, para que se cumpliera la Escritura, dijo:

JESÚS: Tengo sed.

NARRADOR: Atada a una caña, le acercaron a la boca una esponja empapada en vinagre. Poco después, clamando con una gran voz, dijo:

JESÚS: Todo está consumado. Padre, en tus manos encomiendo mi espíritu.

NARRADOR: Y diciendo esto expiró. En ese momento, el velo del Templo se rasgó, se conmovió la tierra y se partieron las piedras. Al verlo morir, el centurión romano exclamó:

PERSONAJE: Verdaderamente éste era Hijo de Dios.

NARRADOR: Al atardecer, vino un hombre rico de Arimatea, llamado José, que pidió el cuerpo de Jesús. Lo envolvió en una sábana limpia y lo colocó en un sepulcro nuevo.

VOCABULARIO

Redención: acción llevada a cabo por la Pasión, Muerte y Resurrección de Jesucristo para salvar al hombre de los efectos del pecado.

Sacrificio: véase en la Unidad 1. El máximo sacrificio es el que ofreció Jesús en la cruz entregando su vida por la salvación de los hombres.

8. Piensa y contesta: ¿cuál fue el principal motivo de Jesús para morir en la cruz?

9. Explica qué significan estas palabras de san Pablo: *El Hijo de Dios me amó y se entregó a sí mismo por mí* (Ga 2, 20).

10. Analiza detenidamente las definiciones del vocabulario.

Nos preguntamos

¿A quiénes había resucitado Jesús? ¿Qué milagro es más prodigioso: resucitar a un muerto o resucitarse a sí mismo? ¿Por qué?

4. IMPORTANCIA DE LA RESURRECCIÓN

4.1. JESÚS MURIÓ, PERO AL TERCER DÍA RESUCITÓ

- **Jesús había anunciado su Muerte y su Resurrección**

Mirad, subimos a Jerusalén y el Hijo de hombre será entregado a los príncipes de los sacerdotes y a los escribas, que lo condenarán a muerte y lo entregarán a los gentiles para burlarse de Él, azotarlo y crucificarlo, pero al tercer día resucitará (Mt 20, 18-19).

Los evangelios nos cuentan que, pasado el sábado, en la madrugada, fueron María Magdalena y la otra María a ver el sepulcro. En esto se produjo un gran terremoto y un ángel del Señor removió la piedra que tapaba la entrada a la tumba y dijo a las mujeres: *No temáis, ya sé que buscáis a Jesús, el crucificado. No está aquí porque ha resucitado como había dicho. Venid a ver el sitio donde estaba puesto* (Mt 28, 5-6).

- **La Resurrección de Jesús es la confirmación de nuestra fe**

La Resurrección de Jesucristo es la confirmación de que todo lo que nos ha dicho es verdad. Por eso, san Pablo escribió:

Si Cristo no ha resucitado, vana es nuestra predicación y vana es nuestra fe [...] Y si tenemos puesta nuestra esperanza en Cristo solo para esta vida, somos los más miserables de todos los hombres [...] Ahora bien, Cristo ha resucitado como primicia de los que duermen. Porque como de un hombre vino la muerte, también por uno vino la resurrección de los muertos (1 Cor 15, 14-21).

La Resurrección de Cristo, *de G. Giovenone, s. XVI.*

De esta forma enseña san Pablo que la Resurrección de Jesús es el hecho más importante del cristianismo: todo lo que enseñó es verdad: el Reino que anunció, su doctrina moral, su Iglesia, su presencia en los Sacramentos... Por eso la Iglesia celebra gozosa cada domingo la Resurrección de Jesús.

+ El sepulcro vacío

«El sepulcro vacío donde había sido enterrado el cuerpo de Jesús ha constituido para todos un signo esencial. Su descubrimiento por los discípulos fue el primer paso para el reconocimiento del hecho sobrenatural de la Resurrección de Jesús» (CIC, 640).

➡ ¿Qué signo esencial de la Resurrección de Jesús descubrieron los apóstoles? Haz un comentario sobre su importancia.

11. Según el relato de Mt 20, 18-19, ¿qué anunció Jesús?

12. ¿Qué diferencias descubres entre la Resurrección de Jesús y las de Lázaro, la hija de Jairo y la del hijo de la viuda de Naím?

13. Realiza un esquema con las principales verdades de la fe cristiana que enuncia san Pablo en 1 Cor 15, 14-21.

4.2. LA FE EN JESUCRISTO COMO DIOS Y SEÑOR

Mientras predicaba por Galilea y Judea, a Jesús le llamaban «Rabbí», es decir, Maestro. Algunos afirmaron que era el Mesías prometido por Dios a través de los profetas, pero no se les pasaba por la cabeza que fuera Dios, porque le veían hablar, dormir, cansarse... Además, si Dios es solo uno y está en el Cielo, ¿cómo iba a estar también con ellos? Aún no conocían –como conocerían más tarde– que Dios es Uno y Trino a la vez.

Sin embargo, después de resucitar, a Jesús le comenzaron a llamar Dios y **Señor*;** decían: *Hemos visto al Señor* («Kyrios»). Para los judíos, Dios es el único Señor. Por eso el apóstol Tomás, al ver vivo a Jesús en el cenáculo y meter su mano en la herida del costado, exclamó: *Señor mío y Dios mío* (Jn 20, 28). Y san Juan termina su evangelio diciendo que lo había escrito para que creyeran que Jesús es el Cristo, el Hijo de Dios (Jn 20, 31).

DIOS SE HA REVELADO

San Juan de la Cruz, místico del siglo XVI, escribió:

«El que ahora quisiere preguntar a Dios, o querer alguna visión o revelación, no solo haría una necedad, sino haría agravio a Dios no poniendo los ojos totalmente en Cristo, sin querer otra cosa o novedad. Porque le podría responder Dios de esta manera, diciendo: Si te tengo ya habladas todas las cosas en mi Palabra, que es mi Hijo, y no tengo otra, ¿qué te puedo Yo ahora responder o revelar que sea más que eso? Pon los ojos solo en Él, porque en Él te lo tengo dicho todo y revelado» *(Subida al monte Carmelo).*

➡ Comenta el texto de san Juan de la Cruz. ¿Hay que esperar otra revelación de Dios? ¿Por qué?

Cristo resucitado ante los apóstoles *(detalle), Duccio di Buoninsegna, s. XIV.*

4.3. LA RESURRECCIÓN DE JESÚS Y LA VIDA ETERNA

La Resurrección de Jesucristo es el anuncio de nuestra propia resurrección. Dios, de modo semejante a como resucitó a su Hijo muerto en la cruz, así resucitará a todos los seres humanos en el día del juicio final.

Dios desveló, por medio de Jesucristo, el misterio de la vida eterna. Su enseñanza es muy clara: al final de la vida, Dios juzgará y retribuirá a cada ser humano según sus obras. El Catecismo de la Iglesia Católica lo enseña con estas palabras:

«Cada hombre, después de morir, recibe en su alma inmortal su retribución eterna en un juicio particular que refiere su vida a Cristo, bien a través de una purificación, bien para entrar inmediatamente en la bienaventuranza del cielo, bien para condenarse inmediatamente para siempre» (CIC, n.º 1.022).

14. Lee Mt 28, 1-10 y contesta a estas preguntas: ¿Qué hizo y dijo Jesús? ¿Cuál fue la reacción de los discípulos? ¿Qué mensaje nos transmite ese relato?

15. ¿Qué argumentos puede dar un cristiano para mostrar su fe en que Jesús es mucho más que un hombre extraordinario?

16. ¿De qué que fue anuncio la Resurrección de Jesucristo?

VOCABULARIO

Señor: véase en la Unidad 5.

SÍNTESIS

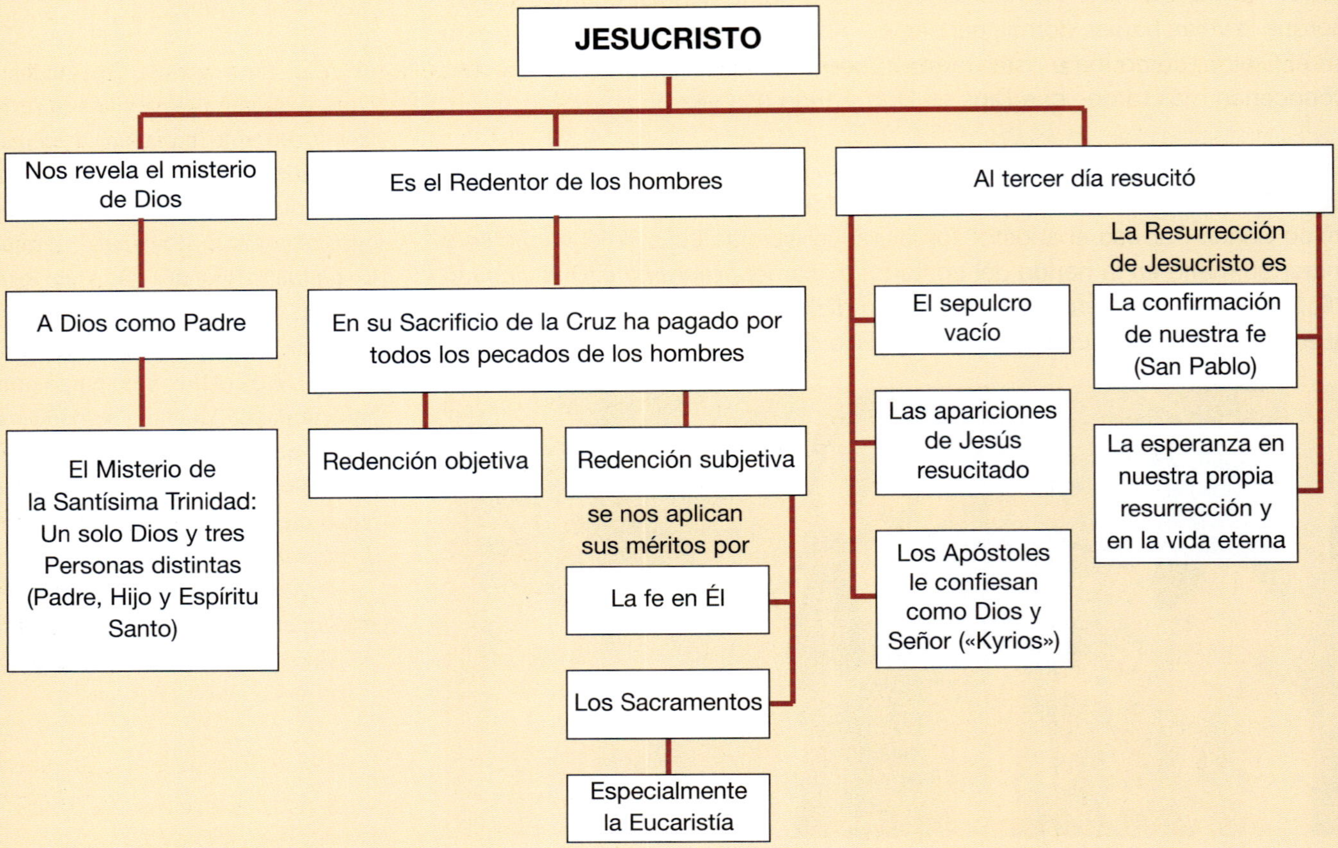

1. Jesús nos enseñó que Dios es un Padre amoroso que desea lo mejor para nosotros, sus hijos. La relación con Dios Padre debe ser de confianza y amistad. Por eso, siempre que se le ofenda, se ha de volver a Él mediante la conversión.

2. El misterio de la Santísima Trinidad consiste en que hay un solo Dios verdadero y tres Personas distintas: el Padre, el Hijo y el Espíritu Santo.

3. Después del pecado original el hombre estaba necesitado de salvación. Y Dios la envió por medio de su Hijo Jesucristo.

4. Jesucristo ha muerto en la cruz por cada uno de nosotros:
   – Para redimirnos del pecado y de sus consecuencias (la muerte eterna).
   – Para hacernos hijos de Dios y herederos del Cielo.
   – Para mostrarnos la malicia del pecado y enseñarnos el camino del Cielo.

5. Jesucristo resucitó al tercer día de su muerte, según había anunciado repetidamente.

6. La Resurrección de Jesús es la verdad fundamental de nuestra fe. Por eso dice san Pablo: *Si Cristo no hubiera resucitado, vana sería nuestra fe.*

7. La Resurrección de Cristo confirma y enseña que Jesucristo es verdadero Dios.

ACTIVIDADES

DE EVALUACIÓN

1. Señala la frase que expresa correctamente el misterio de la Santísima Trinidad:
a) Hay tres dioses y tres Personas distintas.
b) Hay un solo Dios y tres Personas distintas: el Padre, el Hijo y el Espíritu Santo.
c) Hay tres dioses: el Padre, el Hijo y el Espíritu Santo.

2. Completa esta definición:
Redención es la acción llevada a cabo por la ...., ... y .... de .... para .... al hombre de los efectos del ....

3. ¿Con qué fin ofreció estos sufrimientos a su Padre Dios? Indica la mejor respuesta:
a) Para darnos buen ejemplo.
b) Para redimirnos del pecado y ganarnos la vida eterna.
c) Para que venciéramos las tentaciones del maligno.

4. ¿En qué consistió el hecho de la Resurrección de Jesucristo? Señala la respuesta verdadera:
a) En que Jesucristo resucitó de un modo espiritual.
b) En que Jesucristo, después de haber muerto, resucitó realmente.
c) En que Jesucristo permanece en la memoria de los cristianos para siempre.

5. ¿Qué importancia tiene la Resurrección de Jesucristo para un cristiano? Razónalo.

6. Con lo que has estudiado en esta unidad, si te encuentras con alguien que afirma: que la Resurrección es imposible; o que la fe de los primeros cristianos en Jesús resucitado debió de ser una alucinación; o que fue solamente una «resurrección espiritual», ¿qué argumentos le ofrecerías para mostrarle que la fe en Jesucristo resucitado tiene sólidos fundamentos?

7. Define las palabras del vocabulario de esta unidad: Santísima Trinidad, sacrificio, Señor.

DE REFUERZO

1. Examina el pasaje del Bautismo de Jesús (Mt 3, 13-17) y su despedida de la Ascensión (Mt 28, 19-20) y explica de qué modo se nos revela el misterio de la Santísima Trinidad.

2. Lee lo que dice Lc 15, 11-32 y destaca lo que hizo el padre y sus sentimientos hacia el hijo pródigo.

3. Escribe una breve redacción explicando de qué modo nos ha redimido Jesucristo.

4. Escribe un comentario a estas palabras de san Pablo: *La prueba de que Dios nos ama es que Cristo, siendo nosotros pecadores, murió por nosotros* (Rm 5, 8).

5. Junto a la cruz se encontraban algunas personas que querían a Jesús. ¿Sabrías decir quiénes eran? Averígualo buscando en los relatos de los cuatro evangelios.

6. Analiza la reacción de santo Tomás en la segunda aparición de Jesús resucitado ante sus apóstoles (Jn 20, 26-31).

7. ¿Qué significa la expresión de san Pablo: *Si Cristo no hubiera resucitado vana sería nuestra fe*?

8. Completa estas frases:
a) El juicio religioso de Jesús fue ante ....
b) El juicio político fue ante ....
c) La flagelación fue seguida de la ....
d) El pueblo pidió que soltasen a ....
e) Ayudó a Jesús a llevar la cruz ....
f) Jesús fue sacrificado en el monte ....
g) Junto a Jesús crucificaron a ....
h) Jesús murió en la cruz por ....

9. Cita los nombres de tres personas amigas de Jesús que estaban al pie de la cruz cuando murió.

10. Explica el significado de esta frase de san Juan Crisóstomo:

«El origen de todos los bienes es la Pasión del Señor».

PARA SABER MÁS

EL CIELO

Juicio final. *Beato Angélico.*

El ser humano ha sido creado por Dios y está destinado a Él; de ahí que el tema decisivo del hombre sea que encuentre o que pierda definitivamente a Dios. El encuentro con Él será el **Cielo;** la pérdida del amor de Dios, el **Infierno.**

No somos capaces de imaginar el Cielo. El Cielo es la felicidad de los que ya gozan de Dios para siempre.

¿Qué nos dice la Palabra de Dios acerca del Reino de los cielos?

El Señor ordinariamente nos habla del Cielo en el Evangelio sirviéndose de parábolas o comparaciones:

- El banquete de bodas (véase Mt 22, 1-14);
- El Reino: *Venid benditos de mi Padre, tomad posesión del Reino* (véase Mt 25, 34);
- La Vida eterna (véase Mt 19, 19; 25, 36), etc.

San Pablo nos dice que el Cielo es algo que no se puede explicar con palabras: *Ni ojo vio, ni oído oyó, ni viene a la mente del hombre lo que Dios ha preparado a los que le aman* (1 Cor 2, 9).

El Cielo consiste en la **felicidad o bienaventuranza eterna, en la visión de Dios cara a cara y en la íntima unión con Él** (1 Jn 3, 2; 1 Cor 13, 12). Una felicidad tal que compensa cualquier esfuerzo o sufrimiento, incluso el martirio: los padecimientos de esta vida no son nada en comparación con la gloria que ha de manifestarse en nosotros (Rm 8, 18).

El apóstol san Juan, en su libro del Apocalipsis, ve la futura gloria del Cielo con visión profética:

Vi un cielo nuevo y una tierra nueva, porque el primer cielo y la primera tierra habían desaparecido [...] La muerte no existirá más, ni habrá llanto, ni gritos, ni fatigas, porque todo esto habrá pasado. Y dijo el que estaba sentado en el trono: He aquí que hago nuevas todas las cosas (Ap 21, 4-5).

1. *La vida de intimidad con Dios comienza ya aquí en la tierra con la vida de la gracia.* Lee Jn 3, 36 y Jn 6, 55 y lo descubrirás.

Anota las palabras de Jesús y comenta su significado.

ACTIVIDAD FINAL

1. Repasa el relato de la Pasión que has leído en esta unidad. Escribe en tu cuaderno una triple columna: en la del centro –más ancha– copia las frases que se reproducen en esta página; en la de la izquierda indica quién pronuncia estas palabras, y en la derecha a quién las dirige. Escribe también dónde tiene lugar el diálogo cuando el escenario cambie: casa de Caifás, palacio de Poncio Pilato y Gólgota.

Por ejemplo:

Casa de Caifás

CAIFÁS	–Te conjuro en nombre del Dios vivo que nos digas si tú eres el Cristo, el Hijo de Dios.	JESÚS

–Te conjuro en nombre del Dios vivo que nos digas si tú eres el Cristo, el Hijo de Dios.
–Tú lo has dicho; y a partir de ahora veréis al Hijo del hombre sentado a la diestra del Poder y venir sobre las nubes del cielo.
–¡Ha blasfemado! ¿Qué os parece?
–¡Es reo de muerte!

–Hemos encontrado a este sublevando a nuestro pueblo y prohibiendo pagar tributo al César, y dice que Él es el Cristo, el Rey.
–¿Eres tú el Rey de los judíos?
–Tú lo dices. Pero mi Reino no es de este mundo.
–No encuentro ningún delito en este hombre.

–¿A quién queréis que os suelte?
–¡Suelta a Barrabás!
–¿Y qué haré de Jesús?
–¡Crucifícalo, crucifícalo!

–Tomadlo vosotros y crucificadlo, pues yo no encuentro culpa en Él.
–Nosotros tenemos una Ley, y según la Ley debe morir, porque se ha hecho Hijo de Dios.
–Si sueltas a ese, no eres amigo del César, pues todo el que se hace rey va contra el César.

–Padre, perdónales, porque no saben lo que hacen.
–Acuérdate de mí cuando llegues a tu Reino.
–Hoy mismo estarás conmigo en el paraíso.

–Mujer, ahí tienes a tu hijo.
–Ahí tienes a tu madre.
–Dios mío, Dios mío, ¿por qué me has abandonado?
–Todo está consumado. Padre, en tus manos encomiendo mi espíritu.

La crucifixión, *Beato Angélico.*

2. Ahora identifica a los personajes representados en este cuadro y señalados con un número, indicando con el mayor detalle posible quién es cada uno y cuál fue su actitud ante Jesús.

9 EL REINO DE DIOS Y EL SEGUIMIENTO DE JESUCRISTO

Uno de los malhechores crucificados
le injuriaba diciendo:
–¿No eres tú el Cristo?
Sálvate a ti mismo y a nosotros.
Pero el otro le reprendía:
–¿Ni siquiera tú, que estás en el mismo
suplicio, temes a Dios?
Nosotros estamos aquí justamente,
porque recibimos lo merecido;
pero este no ha hecho ningún mal.
Y decía: –Jesús, acuérdate de mí
cuando llegues a tu Reino.
Jesús le respondió: –En verdad te digo:
hoy estarás conmigo en el Paraíso.

(Lc 23, 39-43)

Esquema de la unidad

1. Jesús había anunciado su Reino
- El significado del Reino de Dios
- Las parábolas del Reino

2. El Reino de Dios y la Iglesia
- El Reino de Dios está ya en la Iglesia
- En la Iglesia encontramos y seguimos a Jesús

3. La moral cristiana consiste en amar
- «Amarás al Señor con todo tu corazón»
- «Amarás al prójimo como a ti mismo»

4. Jesús nos enseñó la necesidad de la oración

Reflexionamos y comentamos

Aquel chico de 25 años había nacido y vivido siempre en Libia. Se trasladó a España para ampliar sus estudios y trabajar. Conoció entonces a un muchacho católico. Se hicieron grandes amigos. Aquel le fue contando lo mal que lo había pasado en su familia (perdió a su padre siendo niño) y la inseguridad que había padecido su país.

El amigo cristiano también le contó cosas de su vida: de su familia, de sus amigos y de su vida cristiana. Pasados varios meses el muchacho expresó su deseo de hacerse cristiano.

El otro se sorprendió en un primer momento. Después le presentó a un sacerdote; y, por su cuenta, le fue explicando cosas; aquellas que daban sentido a su vida cristiana.

Pocos meses después el joven se bautizó en la Vigilia Pascual. Con una vela en la mano iba contestando que sí, que creía en Jesucristo, en la Iglesia... Al fin, el recién bautizado se dio la vuelta hacia la gente. Estalló un aplauso emocionante.

A la salida le preguntaron qué le había movido a hacerse cristiano. Respondió:

–Un amigo me ha hecho comprender lo que supone el cristianismo... era la primera vez que sentía que alguien se interesaba en serio por mí, por el sentido de mi vida, por mi felicidad... Luego fui conociendo a Jesucristo... y eso fue definitivo.

Dialogamos

- ¿Qué le llevó a la conversión a este joven?
- ¿A quién fue conociendo poco a poco?
- ¿Qué había sucedido en su corazón?

1. JESÚS HABÍA ANUNCIADO SU REINO

NOS PREGUNTAMOS

¿Qué es un reino? ¿Quedan muchos reinos en el siglo XXI?

1.1. SIGNIFICADO DEL «REINO DE DIOS»

- **Los judíos esperaban un Reino.** La mayoría del pueblo judío pensaba que, con la venida del Mesías, el pueblo de Israel se vería libre del yugo de los pueblos opresores y comenzaría una nueva etapa de paz y de hegemonía sobre las demás naciones. El Mesías vendría a establecer un reino temporal y eterno.

- Pero el **Reino de Dios anunciado por Jesucristo** no es un reino temporal, con una realidad geográfica y política, como esperaban muchos de sus contemporáneos, sino que tiene una dimensión espiritual y religiosa: es la llegada de la salvación que envía Dios Padre a la Humanidad por medio de su Hijo.

- **¿Cuándo se inicia el Reino de Dios en el corazón del hombre?** Cuando escucha la Palabra de Dios y se convierte a Él. Por eso decía Jesús: *Convertíos, porque está al llegar el Reino de los Cielos* (Mt 4,17). ¿Qué supone o qué significa la conversión que pedía Jesús? La **conversión*** es creer en la palabra de Dios, pedirle perdón por nuestros pecados y reconciliarnos con Él. Jesús nos dijo que esta conversión es indispensable para acoger el Reino de Dios y alcanzar la Salvación.

Todos los hombres y mujeres están llamados a entrar en el Reino de Cristo, que alcanzará su plenitud en el Cielo.

EL REINO DE DIOS

«Todos los hombres están llamados a entrar en el Reino. Anunciado en primer lugar a los hijos de Israel, este reino mesiánico está destinado a acoger a los hombres de todas las naciones. Para entrar en él, es necesario acoger la palabra de Jesús: La Palabra de Dios se compara a una semilla sembrada en el campo: los que escuchan con fe y se unen al pequeño rebaño de Cristo han acogido el Reino; después la semilla, por sí misma, germina y crece hasta el tiempo de la siega» (LG, 5) (CIC, 543).

➡ ¿En qué puede consistir para un chico o chica de tu edad acoger el Reino de Dios anunciado por Jesucristo?

1. ¿Qué diferencias descubres entre el reino que esperaban los judíos y el Reino que anunció Jesús?
2. Cuando Jesús dice: *Convertíos, porque está al llegar el Reino de los Cielos* (Mt 4, 17), ¿a qué se refiere?
3. ¿Qué clase de «conversión» pide Jesús para entrar en su Reino?

1.2. LAS PARÁBOLAS DEL REINO

Jesús habló del Reino de Dios por medio de **parábolas***. Este recurso literario era bastante usual en la cultura oriental. Las parábolas eran breves narraciones en las que, a partir de una imagen sencilla y fácil de entender, se daba una enseñanza moral o religiosa.

Las imágenes utilizadas por Jesús en sus parábolas del Reino resultaban muy familiares a sus oyentes. Les había hablado de redes y peces, de los trabajos del campo, de pastores y rebaños... Las había pronunciado en sus constantes desplazamientos por Palestina, dirigiéndose a grandes multitudes o al reducido grupo de los apóstoles. El lenguaje de las parábolas es tan profundo que siempre resulta actual. Veamos algunas de ellas:

- **El sembrador:** la palabra de Dios es la semilla esparcida que cae en el camino, en terreno pedregoso, entre espinos o en tierra buena y, por tanto, da fruto según las disposiciones del corazón. Los que acogen esa palabra y la viven, alcanzarán el Reino de Dios (Mt 13, 3-9).

El sembrador,
Vincent van Gogh.

- **El trigo y la cizaña:** el enemigo ha sembrado cizaña en el campo de trigo, que es la tierra; el dueño del campo deja crecer juntos el trigo y la cizaña hasta el momento de la siega; el bien y el mal están siempre presentes en el mundo y serán separados en un juicio final. Así, unos llegan al Reino mientras otros son separados de él (Mt 13, 24-30).

- **El buen pastor:** el pastor que busca la oveja perdida y se alegra de encontrarla es comparado por Jesús con la actitud de Dios que se alegra cuando el pecador vuelve a la casa del Padre (Lc 15, 4-7).

4. ¿Qué son las parábolas? ¿Por qué Jesús usaba parábolas?
5. Explica qué relación tienen las parábolas mencionadas con el Reino anunciado por Jesús.
6. ¿Qué actitudes enseña Jesús en cada una de esas parábolas?

UN EJEMPLO DE PARÁBOLA

El Reino de los cielos es semejante a un tesoro escondido en el campo, que al hallarlo un hombre, lo esconde y, lleno de alegría, va, vende todo lo que tiene y compra aquel campo.

Es semejante también a un comerciante que busca perlas finas, y habiendo encontrado una de gran valor, va y vende todo cuanto tiene y la compra (Mt 13, 44-46).

➡ Explica el significado de estas dos parábolas y su relación con el Reino de Dios. ¿Qué actitudes se dan en el hombre que encuentra el tesoro y la perla?

VOCABULARIO

Conversión: acto por el que una persona cree en Dios y se reconcilia con Él.

Parábolas: son relatos sobre sucesos de la vida corriente que encierran una enseñanza muy profunda. Jesús utilizó las parábolas sobre todo para explicar el Reino de Dios.

2. EL REINO DE DIOS Y LA IGLESIA

NOS PREGUNTAMOS

¿Dónde está ahora el Reino de Dios anunciado por Jesús: en la tierra, en el Cielo?

2.1. EL REINO DE DIOS ESTÁ YA EN LA IGLESIA

- **Jesús comenzó su Iglesia al inaugurar el Reino de los cielos en la tierra** para la salvación de los hombres. Al principio convocó en torno a Él una pequeña comunidad de hombres que acogieron su palabra y vivieron de fe, esperanza y amor. A esa comunidad la dotó de una estructura visible. La llamó «Iglesia» y al frente de ella puso a Pedro y a los demás Apóstoles para que estuvieran con Él y para hacerles partícipes de su misión salvadora. Por eso, la Iglesia es a la vez humana y divina, visible y espiritual, es el misterio de la unión de los hombres con Dios.

- **Por medio del Bautismo entramos a formar parte de la Iglesia,** es decir, del Reino de Dios iniciado en la tierra. Este pertenece, sobre todo, a los pobres y a los pequeños, o sea, a los que lo acogen con un corazón sencillo y humilde y siguen fielmente a Jesucristo.

La Iglesia, pues, es el germen y el comienzo del Reino de Dios en la tierra inaugurado por Jesucristo. Donde están el **Papa*** y los **obispos*,** sucesores de los apóstoles, allí está el Reino.

+ LA IGLESIA ES EL GERMEN DEL REINO DE DIOS

El Reino de los cielos ha sido inaugurado en la tierra por Cristo. «Se manifiesta a los hombres en las palabras, en las obras y en la presencia de Cristo.» (LG, 5.) La Iglesia es el germen y el comienzo de este Reino. Sus llaves son confiadas a Pedro. (CIC, 567.)

➡ Explica con más amplitud las verdades que se contienen en este texto.

Juan Pablo II se reúne con los jóvenes.

7. ¿Qué relación existe entre el Reino de Dios y la Iglesia?
8. ¿Qué quiere decir que la Iglesia es el «germen» del Reino de Dios?
9. ¿A quiénes puso Jesús al frente de su Iglesia? ¿Para qué los puso? ¿Quiénes cumplen hoy esta misión?

2.2. EN LA IGLESIA ENCONTRAMOS Y SEGUIMOS A JESÚS

Fotograma de La Pasión, *de Mel Gibson.*

Son muchos los que admiran a Jesucristo y desearían encontrase con Él. Pero, ¿dónde podemos encontrar hoy a Jesucristo? La respuesta es muy clara: en la Iglesia. La Iglesia no tiene otro fin que mostrarnos a Cristo y unirnos a Él (Dios y hombre verdadero). Él es el ideal supremo para una Humanidad que busca el camino del Amor, de la Paz y de la verdadera Libertad.

Seguir a Jesucristo es el fundamento esencial de la moral cristiana (VS, n.° 19). Él nos dijo: *Yo soy el Camino, la Verdad y la Vida* (Jn 14,6).

- **Jesús es el Camino.** Él es el Camino para ir al Padre, imitándole... Imitar la vida de Jesús es el camino para vivir la perfección de la vida cristiana. El cristiano ha de aprender a tener los mismos sentimientos de Cristo (Flp 2,5). Es decir, imitar a Cristo en sus actitudes más profundas: su amor, su humildad, su obediencia, su pobreza, su oración confiada al Padre eterno... Es el camino que nos enseñó en las Bienaventuranzas. Y ese camino lo aprendemos en la Iglesia.

- **Jesús es la Verdad.** Él es la Verdad. Dios está en Él. Él es el Hijo de Dios anunciado por los profetas. «Cristo manifiesta plenamente el hombre al propio hombre y le descubre la grandeza de su vocación» (CIC, 1710). Jesús ha enseñado toda la verdad acerca del hombre: su origen, su forma de alcanzar la felicidad en el mundo, su destino final...Y la Iglesia transmite esas verdades de salvación.

- **Jesús es la Vida.** Porque solo Él puede dar la vida sobrenatural, la ayuda de la gracia para poder vivir como Él vivió. Sin su ayuda es imposible vivir como un buen cristiano siguiendo a Cristo y alcanzar así la perfección humana y sobrenatural. Y esa Vida la da la Iglesia por medio de los Sacramentos.

10. ¿Por qué Jesucristo es el modelo perfecto para el cristiano?

11. ¿Qué significa que Cristo es *el Camino, la Verdad y la Vida*?

12. Justifica por qué la Iglesia es necesaria para seguir a Cristo como Camino; para conocer la Verdad que Él nos enseña; y para vivir de su Vida.

SEGUIR A CRISTO

«A veces puede parecer como si la moral cristiana fuese demasiado difícil, ardua para ser comprendida y casi imposible de practicar. Esto es falso porque ella consiste fundamentalmente en el seguimiento de Jesucristo, en dejarse transformar por su gracia y ser renovados por su misericordia.»
(Juan Pablo II, *Encíclica Veritatis splendor*, 119.)

➡ Contesta a las preguntas sobre este texto:
¿En qué ha de consistir entonces la vida del cristiano?
¿Qué principales virtudes enseñó Jesucristo para que las practicásemos sus discípulos?
¿Qué importancia tienen los Sacramentos para vivir como verdaderos cristianos?
Una vida moral que no cueste, ¿se puede decir que mejora a las personas? ¿Por qué?

VOCABULARIO

Papa: es el sucesor del apóstol san Pedro, a quien Jesucristo otorgó la suprema autoridad sobre toda su Iglesia. Es el vicario de Cristo en la tierra.

Obispos: son los sucesores de los apóstoles, quienes, bajo la autoridad del Papa, guían al pueblo de Dios, cada uno en su propia diócesis.

3. EL DOBLE MANDAMIENTO DEL AMOR

? NOS PREGUNTAMOS

Para amar y seguir de verdad a Jesucristo, ¿es necesario «sentir» ese amor? ¿Qué cosas ha hecho Jesús por los seres humanos que merezcan nuestro amor?

En la Iglesia aprendemos a seguir a Cristo por el camino del amor. En realidad, toda la vida cristiana se resume en dos mandamientos: amar a Dios y amar al prójimo. Vamos a considerar qué supone para la vida del cristiano cada uno de ellos.

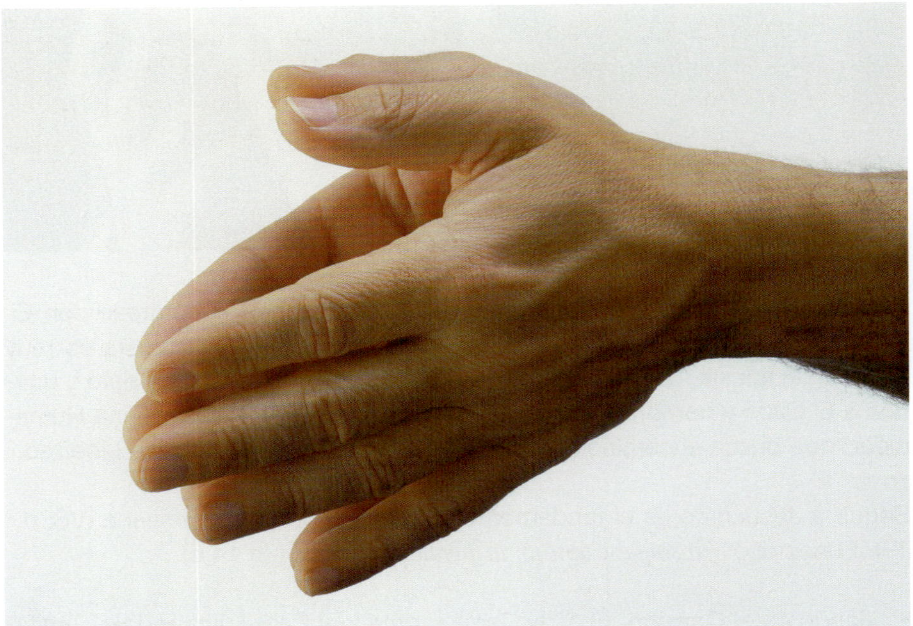

3.1. AMARÁS AL SEÑOR CON TODO TU CORAZÓN

Jesús enseñó que la verdadera religión consiste, en primer lugar, en vivir **el primer mandamiento del Decálogo:** *Amarás al Señor, tu Dios, con todo tu corazón, con toda tu alma y con toda tu mente* (Mt 22, 37).

Junto a este mandamiento, **Jesús confirmó todos los demás mandamientos** de la Antigua Ley: *Si quieres entrar en la vida eterna –le dijo a un joven– guarda los Mandamientos* (Mt 19, 16-19). Y, además, como ya hemos visto, predicó las Bienaventuranzas como el mejor camino para ser sus discípulos viviendo la vocación cristiana.

El Concilio Vaticano II ha recordado la importancia de la vocación cristiana: **Dios llama a todos los hombres y mujeres a la santidad*** por el hecho de estar bautizados. Cristiano quiere decir vivir como discípulo de Cristo, con todas sus consecuencias.

+ «LO QUE FALTA ES QUERER»

Preguntaron en cierta ocasión a santo Tomás de Aquino qué era lo que se necesitaba para ser santo. Sus respuestas solían ser largas. Esta vez fue muy corta. Contestó simplemente: «Lo que hace falta es ¡querer!».

➡ Comenta esa frase de santo Tomás: ¿Por qué solo se requiere «eso» de parte del hombre? ¿Qué pone Dios de «su parte»? Señala entonces qué debe hacer un chico/a de tu edad que busca seriamente la santidad.

13. Explica en qué consiste la verdadera religiosidad, según las enseñanzas de Jesús.

14. ¿Qué actitudes comporta? Enuncia las más importantes en la vida de un cristiano.

15. Explica en qué consiste la santidad. ¿Quiénes están llamados a ella por Dios?

3.2. AMARÁS A TU PRÓJIMO COMO A TI MISMO

Los tres primeros mandamientos se refieren al amor a Dios y los restantes al amor al prójimo. Vamos ahora a fijarnos en lo que Jesús nos enseña sobre el amor a nuestros semejantes.

a) Todos somos hijos de Dios y hermanos

Jesús nos ha enseñado que Dios es nuestro Padre y que los hijos de Dios **somos hermanos.** La Ley que debe regir en la familia de Jesús, que es la Iglesia, es el **amor fraterno.** Las enseñanzas de Jesús que aparecen en los evangelios son innumerables, y en la oración que Él mismo nos enseñó –el Padrenuestro– nos hace sentirnos hijos de Dios y hermanos de los demás hombres.

b) Amar a todos sin excluir a nadie

Jesús nos enseñó el amor a nuestros **prójimos.** No podemos excluir a nadie, ni siquiera al enemigo (Mt 5, 43-47). Él se acercó a todos y no discriminó a nadie. Por ejemplo, se interesó por la vida de la samaritana, y eso que los judíos no se hablaban con los samaritanos; curó y fue amigo de leprosos, cuando la lepra se consideraba una maldición de Dios; acogió a los pecadores, etc.

c) El mandamiento nuevo de Jesús

Y, al final de su vida, en la Última Cena, nos dio su **principal mandamiento:** *Un mandamiento nuevo os doy, que os améis unos a otros; como yo os he amado, amaos también unos a otros. En esto conocerán todos que sois mis discípulos* (Jn 13, 34-35).

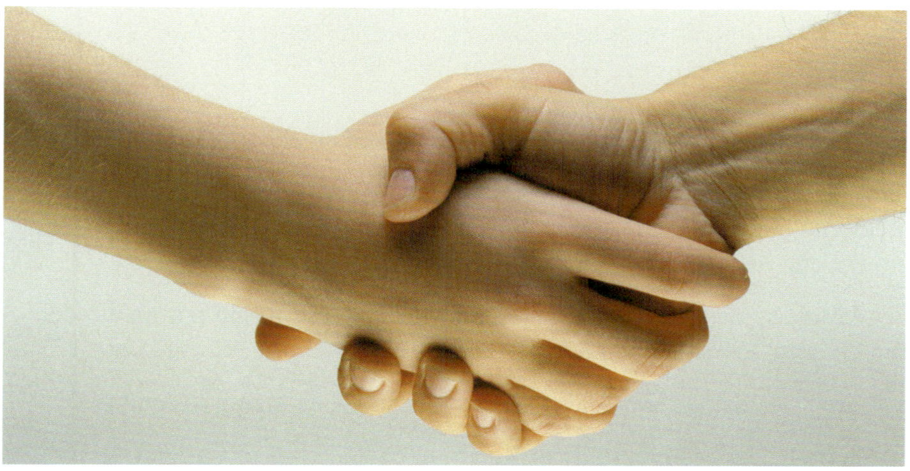

16. Lee la parábola del buen samaritano (Lc 10, 25-34) y explica qué acciones hizo el buen samaritano y qué es «pasar de largo» ante necesidades que vemos a nuestro alrededor.

17. San Pablo en la Carta a los Corintios (1 Cor 13, 4-7) expresa qué significa amar con caridad. Señala los tres aspectos que te parecen más importantes.

POBRES Y RICOS

Según un informe del Banco Mundial realizado en junio del año 2000:

- De los más de 6 000 millones que habitamos el planeta, casi la cuarta parte (1 300 millones) viven con menos de un euro al día.
- Cada año mueren de hambre 13 millones de personas: casi 36 000 al día, 1 500 por hora, 25 por minuto, una cada tres segundos.
- 2 600 millones no tienen acceso a las estructuras sanitarias.

➡ ¿Qué puede hacer un chico o chica de tu edad para ayudar a remediar esta dramática situación? Anota tres cosas que te parecen importantes y que ya puedes comenzar a hacer.

VOCABULARIO

Santidad: es la condición de los santos del Cielo y de los que viven en la tierra como hijos de Dios. Todos los fieles bautizados están llamados a la santidad, es decir, a la plenitud de la vida cristiana y a la perfección de la caridad.

SÍNTESIS

1. El Reino anunciado por Jesucristo es un Reino espiritual y religioso, que se inicia en el corazón del hombre por la fe y la conversión y alcanza su plenitud en el Cielo.
2. Jesús nos habló de su Reino por medio de parábolas, que son comparaciones muy sencillas: el sembrador, el trigo y la cizaña, el tesoro escondido, etc.
3. El Reino de Dios está ya iniciado en la Iglesia de Jesucristo. El cristiano entra en ese Reino por medio del Bautismo. El Reino crece por medio de la fe, los Sacramentos y las buenas obras.
4. Jesús puso al frente de la Iglesia a Pedro y los demás apóstoles (y a sus sucesores, el papa y los obispos).
5. Los cristianos han de seguir a Cristo para llegar a la plenitud del Reino, el Cielo. Él es el Camino, la Verdad y la Vida.
6. Ser cristiano es tomar la opción radical, en la Iglesia, de seguir y amar las enseñanzas y mandamientos que proclamó Jesús.
7. Jesús llamó a todos sus discípulos a la santidad cuando dijo: *Sed perfectos como mi Padre celestial es perfecto* (Mt 5, 48).
8. La moral cristiana tiene dos grandes mandamientos: el primero, amar a Dios sobre todas las cosas; el segundo, amar al prójimo como a nosotros mismos.

ACTIVIDADES

DE EVALUACIÓN

1. Haz un esquema con las características del Reino anunciado por Jesucristo.

2. ¿Qué son las parábolas? Defínelas.

3. ¿Recuerdas algunas parábolas sobre el Reino de Dios? Indica al menos dos y su significado.

4. Indica qué frases son verdaderas y cuáles falsas:
a) El Reino de Dios está en su plenitud ya en la tierra.
b) El Reino de Dios no ha llegado aún a este mundo.
c) Entramos en el Reino de Dios por medio del sacramento del Bautismo.
d) Jesús puso al frente de su Reino (la Iglesia) a Pedro y los demás apóstoles.

5. ¿Por qué Jesucristo es el modelo perfecto para el cristiano?

6. Explica el significado de estas palabras:
«Seguir a Jesucristo es el fundamento esencial de la moral cristiana».

7. Explica qué significa que Jesús es:
a) El Camino
b) La Verdad
c) La Vida

8. Explica cómo en la Iglesia:
a) Encontramos el Camino.
b) Conocemos la Verdad.
c) Recibimos la Vida.

9. Anota las frases verdaderas y rectifica las falsas:
a) El cristianismo es algo negativo, porque implica negarse a sí mismo.
b) Lo que importa es imitar y seguir a Jesucristo, aunque implique sacrificio.
c) Como el egoísmo es instintivo en el hombre, nunca podremos vencerlo.
d) Hacer lo que apetece, sin normas morales, lleva a la felicidad.

10. ¿Qué significan las palabras de Jesús: *Sed perfectos como mi Padre celestial es perfecto* (Mt 5, 48)?

DE REFUERZO

1. Señala de las siguientes frases cuáles se refieren al reino que esperaban los judíos y cuáles al Reino que anuncia Jesús:
a) Dominará a las demás naciones.
b) Es un reino espiritual.
c) Es un reino de amor y de santidad.
d) Es un reino temporal.

2. ¿Cuándo se inicia el Reino de Dios en el corazón del cristiano? Explícalo.

3. ¿Qué supone o qué significa la conversión que pide Jesús?

4. Las parábolas son una buena fuente de información sobre la vida de Palestina en tiempos de Jesús. Busca algunas parábolas que se refieran a la pesca, a la agricultura, a la ganadería, etc.

5. Selecciona en Mt 13 una parábola de Jesús sobre el Reino:
a) ¿Qué imagen utiliza Jesús?
b) ¿Qué enseñanza transmite?
c) ¿Cómo la podemos aplicar nuestra vida?

6. ¿Qué significan estas palabras de san Pablo: «Para mí, vivir es Cristo»? ¿Cómo el cristiano se une a Cristo?

7. Haz estas preguntas a Jesús sobre sus discípulos. Él mismo te contestará:
– ¿Cuáles son las condiciones para ser su discípulo? (Mt 16, 24-25.)
– ¿Cómo corresponderás a los discípulos que lo han dejado todo para seguirte? (Mt 19, 29.)
– ¿Cuál debe ser el distintivo de tus discípulos? (Jn 13, 35.)

8. Comenta este texto del Catecismo de la Iglesia Católica:
«En nuestra vida hay dos caminos: el camino de Cristo "lleva a la vida", un camino contrario "lleva a la perdición" (Mt 7,13). Cada uno debe elegir, tomar una decisión que comprometa nuestras acciones posteriores. Además, en cada acción decidimos qué camino tomamos: o lo hacemos por amor de Dios o por amor propio» (CIC, 1696).

PARA SABER MÁS

JESÚS ENSEÑÓ LA NECESIDAD DE LA ORACIÓN

Jesús enseñó que la oración es necesaria para vivir en amistad con Dios y para alcanzar la salvación, pues solo perseverando en la oración es como no se cae en la tentación (Lc 22, 46) y se puede vivir como un hijo de Dios.

En el Sermón de la Montaña instruyó a sus discípulos sobre la oración: *Tú, cuando vayas a orar, entra en tu habitación y, cerrada la puerta, ora a tu Padre que ve en lo secreto, y tu Padre, que ve en lo secreto, te recompensará* (Mt 6, 6). Y así enseñó a rezar a sus discípulos: *Cuando recéis, decid: Padre nuestro que estás en el Cielo, santificado sea tu Nombre, venga a nosotros tu Reino...* (Mt 6, 9-13.)

TESTIMONIOS SOBRE LA ORACIÓN

La beata Teresa de Calcuta

«Sin la oración no podemos hacer nada... Los filamentos de las bombillas son inútiles si no pasa la corriente. Vosotros, yo, somos los filamentos. La corriente es Dios. Tenemos la posibilidad de permitir a la corriente pasar a través de nosotros y de utilizarnos para producir la luz del mundo».

San Josemaría Escrivá

«¿Que no sabes orar? –Ponte en la presencia de Dios, y en cuanto comiences a decir: "Señor, ¡que no sé hacer oración!...", está seguro de que has empezado a hacerla» *(Camino,* 90).

Padre Pío de Pietrelcina

«Daría mil veces mi vida para que una sola alma ofreciera una sola alabanza a Dios. ¡Orad! La oración es la llave que abre los tesoros de Dios. La oración es el arma para el combate del cristiano en la tierra».

1. Lee Mt 6, 5-8 y explica lo que Jesús quiso enseñar con esas palabras.

2. En el Padrenuestro se hacen siete peticiones. Explica el significado de cada una de ellas.

3. Escoge uno de los tres testimonios de arriba:
   a) Investiga sobre la vida de su autor y resúmela en una redacción.
   b) Escribe luego un comentario a su pensamiento sobre la oración.

ACTIVIDAD FINAL

Observa las historias evangélicas representadas en las viñetas y procede según se indica.

1. Lee el texto evangélico de la primera tira.
2. Intenta relacionar cada viñeta con los diferentes momentos del relato.
3. Transcribe en tu cuaderno los diálogos correspondientes a cada escena indicando qué personaje es el que habla en cada momento.
4. Escribe el mensaje que nos quiere dar Jesús en el relato.

Repite el mismo procedimiento con las otras dos tiras.

La mujer adúltera (Jn 8, 1-11)

El paralítico de Cafarnaúm (Lc 5, 18-26)

El ciego Bartimeo (Lc 18, 35-43)

10 LA VIDA COMO PROYECTO PERSONAL

Dichoso el hombre
que no sigue el consejo de los impíos,
sino que se complace en la Ley del Señor,
y noche y día medita en su Ley.
Será como un árbol
plantado al borde de la acequia,
que da fruto a su tiempo,
y no se marchitan sus hojas...

(Del Salmo 1)

Esquema de la unidad

1. La dignidad de la persona humana
- Su fundamento
- Igualdad radical de todos los seres humanos

2. La ley moral y la conciencia
- La ley natural y la ley de Cristo
- La conciencia

3. La moralidad de los actos humanos
- Objeto, fin y circunstancias
- La búsqueda de la felicidad

4. La moral del Budismo

5. La moral del Islam

6. Grandeza de la moral cristiana

Reflexionamos y comentamos

En cierto país ocurrió un hecho que suscitó un gran debate en los medios de comunicación. Para conseguir mejores resultados en unos Juegos Olímpicos, el equipo médico había preparado especialmente a una atleta para conseguir más potencia en su cuerpo. Una de las cosas que hicieron fue procurar que se quedase embarazada durante unos meses y unas semanas antes de la prueba en la que iba a competir abortó. Con ello su organismo había reaccionado preparándose para alimentar al futuro bebé. El cuerpo de la atleta tenía más potencia y así podía conseguir mejores marcas. Y ello sin haber ingerido sustancias prohibidas por el Comité Olímpico Internacional.

La intención de la atleta y de sus preparadores era ganar la olimpiada. Ella se jugaba mucho: su triunfo personal, el prestigio de su país, ganar más dinero, dar una alegría a miles de personas...

Según decían algunos medios cercanos a la chica, la intención de la atleta no había sido abortar, sino ganar la medalla olímpica, y –añadían– sin ingerir sustancias prohibidas. Por tanto, concluían, su intención era éticamente correcta.

Dialogamos

- ¿Hasta qué punto la supuesta buena intención de esa atleta y de sus entrenadores justificaba los medios que se pusieron?
- ¿Un fin bueno puede justificar emplear medios malos?
- ¿Qué postura habrías tomado tú en ese debate?

1. LA DIGNIDAD DE LA PERSONA HUMANA

1.1. ¿DÓNDE SE FUNDAMENTA LA DIGNIDAD DE LA PERSONA HUMANA?

Hoy se habla mucho de la dignidad de la persona humana y de los derechos humanos. La «dignidad de la **persona*** humana» no es un simple eslogan que se repite con frecuencia, sino que realmente el hombre y la mujer poseen una especial dignidad, superior a los demás seres de este mundo. Veamos por qué.

Según la doctrina católica, esa dignidad tiene un triple fundamento:

- **El ser humano es imagen de Dios.** La Biblia nos enseña que el ser humano, principalmente por el espíritu o alma, es «imagen de Dios»: *Dios creó al hombre a su imagen, a imagen de Dios los creó, macho y hembra los creó* (Gn 1, 27).
- **El alma racional.** El ser humano no es un simple animal, sino que está constituido por materia y espíritu. El libro del Génesis relata cómo Dios creó al hombre dándole un **cuerpo** y un **alma** racional (Gn 2, 7). La dimensión espiritual le da al ser humano una dignidad que no poseen los demás seres de la Tierra.
- **Hijos de Dios por el Bautismo.** Pero, además, el cristiano adquiere por el Bautismo una extraordinaria dignidad: la de ser «hijo de Dios» por la **gracia santificante** que recibe en este sacramento. Además, todos los seres humanos están llamados a una **vida inmortal** y –si son fieles– a la vida en comunión con Dios en el Cielo.

1. ¿Por qué el alma humana otorga a cada persona una dignidad que supera a los demás seres de la tierra?
2. ¿En qué consiste la particular dignidad del cristiano? Razónalo.

NOS PREGUNTAMOS

¿Qué entiendes tú por «dignidad» en una persona? ¿Hay diferencias de «dignidad» entre los seres humanos? Pon algunos ejemplos.

EL HIJO DE DIOS SE HIZO UNO DE NOSOTROS

«El Hijo de Dios, con su Encarnación, se ha unido [...] con todo hombre. Trabajó con manos de hombre, pensó con inteligencia de hombre, obró con voluntad de hombre» (GS, 22).

➡ Reflexiona sobre este profundo texto del Concilio Vaticano II:
¿Dignifica al ser humano el hecho de que el Hijo de Dios se haya hecho hombre? ¿Por qué?
¿En qué se ha hecho semejante a nosotros?
¿Por quiénes dio su vida? ¿Por unos cuantos o por todos y cada uno de los seres humanos?
¿Qué motivos tiene entonces el cristiano para defender la dignidad de todo ser humano?

1.2. IGUALDAD DE TODOS LOS SERES HUMANOS

Todos los seres humanos son **iguales** por el hecho de ser **personas,** que han sido creadas por Dios y tienen un alma espiritual e inmortal. Todas las diferencias que existen entre los seres humanos son accidentales:

- En la **configuración corporal** (blanco-negro; alto-bajo; bello-feo, etc.).
- En la **consideración espiritual** (inteligente-torpe; voluntarioso-inconstante; afectuoso-brusco, etc.).
- En la **situación social y económica** (poderoso-humilde; rico-pobre, etc.).

Estas diferencias no logran anular la condición más peculiar del ser humano: ser persona; de este hecho se deriva su dignidad. Solo el hombre y la mujer son personas; ningún animal, ningún vegetal, ninguna máquina lo son.

Además, Cristo murió por todos y *Dios quiere que todos los hombres se salven y lleguen al conocimiento de la verdad* (1 Tm 2, 4). Todos hemos sido «comprados» a un gran precio: la Sangre divina que Jesús derramó en la cruz para la salvación de los hombres. De ahí que la moral cristiana enseñe que todos los seres humanos gozan de la misma igualdad.

3. ¿Qué significa que «todas las diferencias que existen entre los seres humanos son accidentales»?

4. Pon algunos ejemplos de diferencias accidentales que se dan entre los seres humanos.

HAY DESIGUALDADES ESCANDALOSAS

El Concilio Vaticano II denunció las excesivas desigualdades económicas y sociales que se dan con frecuencia:

«La igual dignidad de las personas exige que se llegue a una situación de vida más humana y más justa. Pues las excesivas desigualdades económicas y sociales entre los miembros o los pueblos de una única familia humana resultan escandalosas y se oponen a la justicia social, a la dignidad de la persona humana y también a la paz social e internacional» (GS, 29).

➡ Haz una lista de algunas de esas excesivas y escandalosas desigualdades que se dan en la tierra y coméntalas en la clase.

VOCABULARIO

Persona: se dice de todo ser humano ya que todos somos alguien original, únicos e irrepetibles, dotados de inteligencia y libertad. Toda persona humana tiene una especial dignidad por ser imagen de Dios.

2. LA LEY MORAL Y LA CONCIENCIA

Nos preguntamos

Cicerón, uno de los más grandes sabios de la antigüedad romana, enseñaba: «Ciertamente existe una ley verdadera, que es según la naturaleza, conocida de todos, constante y sempiterna... Esta ley no podemos disolverla por medio del Senado o del pueblo. No existe una ley en Roma, otra en Atenas, otra ahora, otra en el porvenir; sino una misma ley, eterna e inmutable» (*De Republica* III, 22-23).

¿De qué ley habla Cicerón? ¿Dónde está escrita esa ley? ¿Qué quiere decir que es «eterna e inmutable»?

2.1. LA LEY NATURAL Y LA LEY DE CRISTO

- **La ley natural*.** Dios ha dado a la Humanidad una ley moral natural para regular las relaciones entre los seres humanos. La ley natural es el conjunto de normas morales que el ser humano debe respetar para poder vivir de acuerdo con su dignidad de persona y alcanzar su fin último, el Cielo. La ley moral más general (y natural) que todo hombre puede conocer es: Haz el bien y evita el mal. Esta ley moral no la inventa cada hombre, sino que todos la descubrimos inscrita en nuestra razón y en nuestro corazón. Los principales contenidos de la ley natural están expresados en los **Diez Mandamientos** que Dios entregó a Moisés en el monte Sinaí. Se llama también **Ley mosaica*.** Si te fijas, verás que cada uno de ellos corresponde a una ley moral natural inscrita en la naturaleza humana.

- **La Ley de Cristo*.** Además de la ley natural, los cristianos tenemos la Ley de Cristo, que confirma y clarifica la anterior. Jesús nos entregó esta ley en sus enseñanzas recogidas en los evangelios. Esta nueva Ley consiste esencialmente en los **preceptos del amor a Dios y del amor al prójimo,** que ya conocemos. Solamente se puede vivir según la Ley de Cristo con la ayuda del Espíritu Santo, que viene a nosotros a través de la lectura de la Palabra de Dios, de la oración y de los Sacramentos.

Jesús perfeccionó la Ley de Moisés

Jesús, en el Sermón de la Montaña, lejos de abolir los preceptos morales de la Ley de Moisés, los llevó a su plenitud. Las principales características de la nueva **Ley de Cristo** son:

- Es **ley de amor**, porque consiste sobre todo en el amor a Dios y al prójimo; y porque nos lleva a actuar más por amor que por temor.
- Es **ley de gracia**, porque solo podemos cumplirla con la ayuda de la gracia del Espíritu Santo.
- Es **ley de libertad**, porque nos libera de la esclavitud del pecado y nos inclina a obrar libremente bajo el impulso de la caridad.

➡ Explica a tu manera estas tres características de la Ley de Cristo.

5. ¿Puedes poner algunos ejemplos de los preceptos o exigencias de la ley natural?

6. ¿Podrías enunciar los 10 mandamientos de la Ley de Dios?

7. ¿Podrías indicar algunos de los contenidos de la Ley de Cristo o ley evangélica?

2.2. LA CONCIENCIA

La brújula es un pequeño instrumento muy útil. Su aguja se orienta siempre hacia el Norte, y con eso uno sabe en qué posición se encuentra. Dentro de nosotros tenemos algo semejante a una brújula que nos **indica lo que está bien y lo que está mal:** es la **conciencia*.**

Dios nos ha dado la conciencia para que, teniendo en cuenta la ley moral, podamos conocer y distinguir el bien y el mal en cada acción concreta. Gracias a la conciencia, nuestra inteligencia es capaz de captar la bondad o malicia de cada uno de nuestros actos, con sus circunstancias peculiares y concretas, a la luz de la ley natural y de las enseñanzas del Evangelio de Jesucristo y de la Iglesia.

Pero puede suceder que la conciencia no siempre acierte al señalar el bien y el mal. Por eso, **la conciencia puede ser:**

- **Verdadera:** es la que juzga en conformidad con los principios rectos de la ley moral.
- **Errónea:** cuando juzga de forma equivocada.
- **Cierta:** la que juzga sin ninguna duda.
- **Dudosa:** la que no sabe con certeza si una determinada acción moral es buena o mala.

El cristiano tiene el deber moral de alcanzar una buena **formación de la conciencia,** mediante la lectura de la Palabra de Dios y las enseñanzas de la Iglesia.

8. ¿Podrías explicar qué es la conciencia? Pon un ejemplo de cada uno de los tipos de conciencia.

9. Muchos dicen que lo importante es actuar según le dicta a uno la conciencia. ¿Quiere esto decir que el bien y el mal lo decide cada conciencia individual por su cuenta? Razónalo.

¿SE PUEDE ACTUAR CON CONCIENCIA DUDOSA?

Cuando se tiene conciencia dudosa de si algo moralmente está bien o está mal, ante decisiones importantes, no se debe actuar sin antes aclarar la duda para saber con certeza lo que está bien y así poder tomar la decisión moral correcta.

➡ Pon algunos ejemplos de conciencia dudosa y cuál sería la mejor forma de actuar en cada uno de ellos.

VOCABULARIO

Ley natural: es el conjunto de normas morales que el ser humano debe respetar para poder vivir de acuerdo con su dignidad de persona y alcanzar su fin último, el Cielo.

Ley mosaica: es el conjunto de leyes que Dios dio a Moisés para el antiguo pueblo de Israel.

Ley de Cristo: son los mandamientos evangélicos de Jesús, que perfeccionan la Ley de Moisés.

Conciencia: juicio práctico que se forma la persona humana sobre la bondad o maldad de sus actos.

3. LA MORALIDAD DE LOS ACTOS HUMANOS

NOS PREGUNTAMOS

¿Cómo puede un católico conocer si un acto es moralmente bueno o malo? ¿Cuál es la «fuente» a la que debe acudir para saberlo?

3.1. MORAL Y CRISTIANISMO

La moralidad de los actos la debe medir la conciencia fijándose en los tres elementos del acto humano: su objeto, su fin y sus circunstancias.

a) ¿Qué es el **objeto**? El «objeto» de un acto es la acción concreta que se realiza. Hay acciones buenas que en sí mismas perfeccionan (trabajar bien, obedecer a los padres, hablar con Dios...); y hay acciones que en sí mismas son malas (blasfemar, odiar al prójimo...); estas también se llaman «acciones intrínsecamente malas». La bondad o la malicia de estas acciones la conocemos por la ley natural, por el Evangelio y por las enseñanzas de la Iglesia.

b) ¿Qué es el **fin**? Por «fin» o finalidad de un acto se entiende la intención que se propone la persona al actuar. El fin o intención es muy importante en la moralidad de los actos. Pero un acto es bueno o malo principalmente por la acción (el «objeto») que se lleva a cabo. De ahí que se deban rechazar algunas máximas, tales como «el fin justifica los medios», o «depende de la intención con que se actúa».

c) Las **circunstancias** son elementos accidentales que influyen solo de modo secundario en la moralidad de los actos humanos. Por ejemplo, la circunstancia «**quién**» (no es lo mismo insultar a un amigo que al propio padre); «**dónde**» (es más grave un robo en una iglesia que en plena calle); «**cómo**» (hay más gravedad en un hurto si se hizo con violencia), etc.

Para que una acción sea moralmente buena, *es preciso que sean buenos sus tres elementos: el objeto moral, el fin y las circunstancias*. Para que el acto sea malo basta que uno de los elementos sea malo.

+ LAS FUENTES DE LA MORALIDAD

A estos tres elementos de los actos humanos (objeto, fin y circunstancias) se les llama «fuentes de la moralidad» del acto humano porque de ellos brota la calidad moral de cada acto (CIC, 1750-1754).

➡ Pon algunos ejemplos de actos:
a) Moralmente buenos porque tienen esos tres elementos buenos.
b) Moralmente malos por que alguno de esos elementos es malo.

¿Podrías resolver ahora, con más conocimientos, el caso de la atleta que se relata al comienzo de esta unidad?

10. ¿Cómo sabemos si una acción es intrínsecamente mala? ¿Y cómo si es buena?

11. ¿Qué quiere decir que «el fin no justifica los medios»? Pon algunos ejemplos prácticos de conductas inmorales en las que se actúa como si el fin justificase los medios.

3.2. LA MORAL CRISTIANA Y LA BÚSQUEDA DE LA FELICIDAD

Si hiciéramos una encuesta y preguntásemos qué es lo que más desea cada uno de nosotros dentro de su corazón, todos sin excepción diríamos que deseamos ser felices, alcanzar la felicidad.

Ese deseo natural de felicidad ha sido puesto por Dios en cada uno de nosotros. Pero la felicidad plena no puede ser alcanzada por el ser humano en esta vida, pues ni la riqueza ni el bienestar, ni la fama ni el poder, ni la ciencia ni el mucho saber, ni el placer de la comida o de la bebida o del sexo dan al ser humano una felicidad perfecta e imperecedera. Todas esas «felicidades» se pueden disfrutar en un determinado momento, pero todas y cada una de ellas se pueden perder, y de hecho se pierden con la enfermedad y con la muerte.

El cristianismo enseña que *el camino de la felicidad en esta vida solo se encuentra en el amor a Dios y al prójimo* (en el cumplimiento de los Mandamientos y en el espíritu de las Bienaventuranzas); y que solo en el Cielo llegaremos a ser plenamente felices y bienaventurados al alcanzar la visión de Dios, que nos llenará de su Amor infinito.

Por eso, los **santos*** son las personas más felices, porque ya han llegado a la meta del cielo y viven felices para siempre gozando del Amor de Dios para toda la eternidad.

Jesús nos enseña el camino de la felicidad

Jesús dijo en el Sermón de la Montaña: *No amontonéis tesoros en la tierra, donde la polilla y la herrumbre los corroen y donde los ladrones socavan y roban. Amontonad en cambio tesoros en el cielo, donde ni la polilla ni la herrumbre corroen, y donde los ladrones no socavan ni roban. Porque donde está tu tesoro allí estará tu corazón... Buscad primero el Reino de Dios y su justicia, y todas las demás cosas se os darán por añadidura* (Mt 6, 19-21 y 33).

➡ Reflexiona sobre este profundo texto y responde: ¿qué hemos de hacer para atesorar en el Cielo y no en la tierra?

12. ¿Qué enseña el cristianismo sobre le camino de la felicidad?

13. ¿Cuál es el fin del hombre según el cristianismo?

14. ¿Quiénes son los santos?

Vocabulario

Santos: son los bienaventurados del cielo, que gozan ya para siempre de la visión de Dios y de su amor infinito.

4. LA MORAL DEL BUDISMO

4.1. LA BÚSQUEDA DE LA FELICIDAD

Ya sabemos que el fundador del **budismo*** fue **Siddhartha Gautama,** nacido cerca del Nepal, al nordeste de la India, al pie del Himalaya. Era un joven príncipe, cuya vida transcurría entre placeres y diversiones, que no lograban darle la felicidad. Su religión, el hinduismo, tampoco le satisfacía plenamente. Un día –según la leyenda– se encontró con los tres símbolos del dolor humano:

- un anciano (todo ser humano envejece);
- un enfermo (todo ser humano, antes o después, enferma);
- un cadáver (todos morimos).

A partir de ese día, Siddhartha inició una nueva vida en búsqueda de lo que está exento de esos males: la búsqueda de la paz suprema. Después de años de una vida rigurosa y penitente, con mucha oración y ayunos, alcanzó a tener una «iluminación interior» (Buda significa «el iluminado»), en la que creyó conocer el camino para alcanzar en este mundo la felicidad.

Su doctrina se resume en estos puntos:

- Todo en la vida de los hombres es sufrimiento, porque todo lo que hay en el mundo es malo.
- La causa del sufrimiento son los deseos (de riqueza, de gloria, de estima, de amor, de placer...).
- El remedio para evitar el sufrimiento es «matar los deseos».
- Esto se consigue por medio de la meditación interior y de ejercicios de yoga.
- Solo así se alcanza el estado de **nirvana,** es decir, de total indiferencia e insensibilidad hacia las cosas y deseos terrenos.

BUDA, EL ILUMINADO

La «iluminación» experimentada por Buda se reduce a la convicción de que el mundo es malo, de que es fuente de mal y sufrimiento para el hombre. Para liberarse de este mal hay que liberarse del mundo; hay que romper los lazos que nos unen con la realidad externa, por lo tanto, los lazos existentes en nuestra misma constitución humana, en nuestra psique y en nuestro cuerpo. Cuanto más nos liberamos de tales ligámenes, más indiferentes nos hacemos a cuanto es el mundo, y más nos liberamos del sufrimiento, es decir, del mal que proviene del mundo (Juan Pablo II: *Cruzando el umbral de la esperanza*, p. 100).

➡ ¿Por qué para Buda el mundo es un «mal radical»? ¿Lo es para el cristianismo? ¿Recomienda el budismo «amar al mundo»? ¿Y el cristianismo? ¿Qué tienen ambos en común y qué les diferencia? Infórmate de lo que enseñan ambos acerca de la felicidad después de la muerte del ser humano.

Monjes budistas.

15. Compara el sentido de la felicidad que tiene el budismo con el que tiene el cristianismo.

16. ¿Qué medios propone el budismo para alcanzar la felicidad? ¿Y cuáles propone el cristianismo?

5. LA MORAL DEL ISLAM

5.1. EL VALOR MORAL DE LAS OBRAS

La moral del Islam –o **islamismo***–, sigue las enseñanzas de **Mahoma**, que están recogidas en el Corán. Esta moral se apoya en su doctrina sobre la infinita justicia de Dios (Allah) y sobre la **retribución*** que Dios dará a cada ser humano al final de su vida.

La doctrina moral del Islam da *un gran valor moral a las obras* y se sintetiza en los llamados cinco pilares del Islam, que son las buenas acciones que debe realizar todo buen musulmán. Estos pilares son:

1. **La confesión de fe en el verdadero Dios:** «No hay otro Dios que Allah y Mahoma es su profeta».
2. **La oración diaria.** Se trata de una oración de adoración, de exaltación, de alabanza a Dios. La oración ritual se hace 5 veces al día: al amanecer, al mediodía, por la tarde, a la puesta de sol y por la noche. El «muecín» llama a la oración. Se reza en posición de postración y de cara a La Meca.
3. **La limosna legal,** para contribuir a la causa de la difusión del Islam y para ayudar a las necesidades de los más pobres.
4. **El ayuno** durante el mes sagrado del Ramadán.
5. **La peregrinación a La Meca,** la ciudad santa. Se hace en recuerdo de la que hizo Mahoma en el año 632, poco antes de su muerte. Todos marchan con vestido ritual. La peregrinación simboliza el renacimiento espiritual y la santidad de vida de los buenos musulmanes.

En la doctrina musulmana ocupa un lugar destacado la existencia de un premio y un castigo eterno: los justos irán al Paraíso, donde gozarán para siempre de todo tipo de deleites, también sensibles; y los injustos al Infierno, en el que sufrirán eternamente del fuego y de toda clase de torturas espirituales y corporales.

Patio de la mezquita de La Meca durante el Ramadán.

17. ¿Encuentras algunas diferencias entre las enseñanzas del Islam y del cristianismo respecto a la retribución final?

18. ¿Qué semejanzas y qué diferencias puedes descubrir entre la moral del islamismo y la del cristianismo?

LA GUERRA SANTA («YIHAD»)

El concepto de «guerra santa» en el Islam tiene tres acepciones:

1) Lucha y esfuerzo contra uno mismo para superar el mal y hacer el bien.
2) Lucha para la expansión del Islam y de conquista de nuevas tierras para así convertir a los «infieles».
3) Lucha contra los musulmanes infieles y relajados que han traicionado las leyes santas del Corán.

No obstante, las interpretaciones sobre la guerra santa varían mucho desde las escuelas islámicas moderadas hasta las más radicales (fundamentalismo islámico). Este fenómeno ha rebrotado en los últimos años con inusitada fuerza.

➡ Consulta las enseñanzas del Concilio Vaticano II sobre la relación de los católicos con el Islam y haz una síntesis de esas enseñanzas (NA, 3).

VOCABULARIO

Budismo: religión oriental que tiene su origen en Buda, el «iluminado», para enseñar a los hombres cómo debe ser su estilo de vida para lograr una alta perfección moral.

Islamismo: es la doctrina enseñada por Mahoma. «Islam» significa «sumisión a Dios». También se la conoce como religión musulmana o mahometana.

Retribución: recompensa o pago de algo.

SÍNTESIS

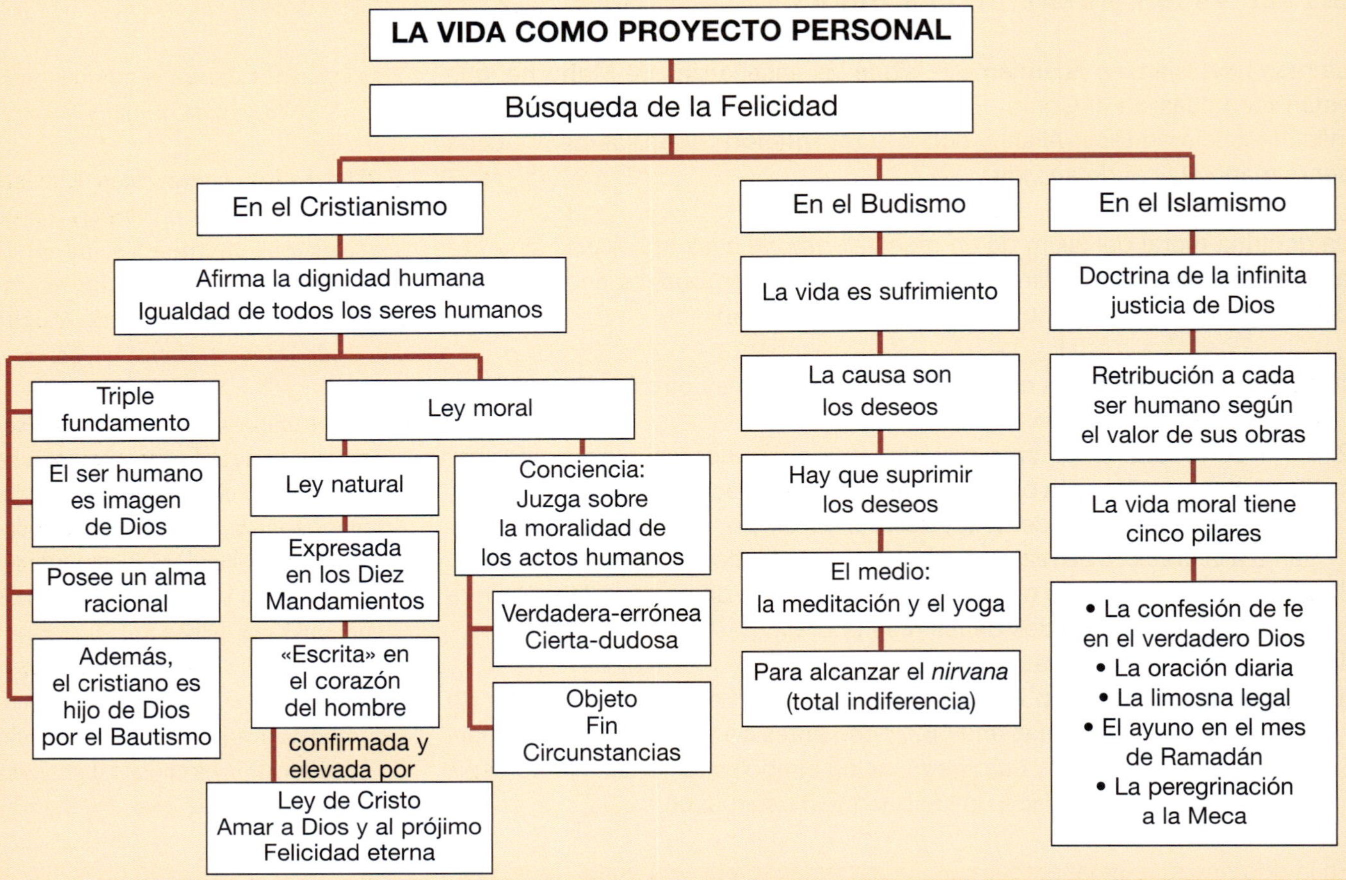

1. El hombre y la mujer poseen una **especial dignidad**. Esta dignidad le viene a la persona humana por su alma racional, por el hecho de haber sido creada a imagen y semejanza de Dios. El cristiano, además, adquiere en el Bautismo la dignidad de hijo de Dios por la gracia. Todos los seres humanos son iguales.

2. La **ley natural** es el conjunto de normas morales que el hombre debe respetar para vivir de acuerdo con su dignidad y alcanzar el Cielo. Se ha expresado en los **Diez Mandamientos.**

3. Además de la ley Mosaica, los cristianos tenemos la **Ley de Cristo,** que confirma y supera a la anterior. Esta nueva Ley consiste esencialmente en los preceptos del amor a Dios y del amor al prójimo.

4. La **conciencia** es la capacidad que tiene la inteligencia de hacer juicios morales de cada acto. Hay diversas clases de conciencia: verdadera y errónea, cierta y dudosa. No se puede actuar con conciencia dudosa.

5. Para valorar la moralidad de nuestros actos hay que tener en cuenta tres cosas: su objeto, su fin y sus circunstancias. Para que un acto sea bueno es necesario que lo sean su objeto, su fin y sus circunstancias.

6. El cristianismo enseña que el camino de la felicidad en esta vida solo se encuentra en la nueva ley. Solo en el Cielo llegaremos a ser plenamente felices.

7. El proyecto moral del budismo consiste en alcanzar el *nirvana* mediante la eliminación de todo deseo. La moral del Islam se apoya en su doctrina sobre la infinita justicia de Dios (Allah) y sobre la retribución que Dios dará a cada ser humano al final de su vida según el valor moral de sus obras.

ACTIVIDADES

DE EVALUACIÓN

1. Indica el triple fundamento de la dignidad de la persona humana:
a) ....
b) ....
c) ....

2. Completa estas frases:
Todos los seres .... son .... por el hecho de ser .... que han sido creadas por .... Las diferencias entre unos y otros son ....

3. Señala las frases verdaderas y rectifica las falsas:
a) No todos los seres humanos son iguales.
b) Hay diferencias funcionales que son justas.
c) Es injusta cualquier discriminación por razón de raza, religión o sexo.

4. Completa estas definiciones:
a) Ley natural: es el conjunto de normas ....
....

b) Ley mosaica: es el conjunto de leyes que .... dio a .... para el antiguo pueblo de Israel.

c) Ley de Cristo: son los mandamientos y las .... de Jesús, que perfeccionan la Ley de ....
d) Conciencia: juicio práctico que se forma la .... sobre la bondad o .... de sus actos.

5. Inventa tres situaciones morales referidas a tres mandamientos de la Ley de Dios y valora su moralidad según el objeto, fin y circunstancias de cada una de ellas.

6. Relaciona:

	• Monoteísmo absoluto.
a) Budismo	• Hay un solo Dios y tres Personas distintas.
b) Islam	• El mundo es radicalmente malo.
	• La felicidad está en alcanzar
c) Cristianismo	el nirvana.
	• Al final del mundo Dios retribuirá a los justos y a los injustos.

DE REFUERZO

1. ¿Qué significa que todos los seres humanos son iguales?

2. Pon ejemplos de diferencias funcionales que se dan en la sociedad humana y que te parezcan justas.

3. Señala algunas desigualdades injustas que se dan entre los seres humanos.

4. ¿Por qué todos los seres humanos, sin excepción, tenemos los mismos derechos fundamentales?

5. Jesús dijo: *Si me amáis, cumpliréis mis mandamientos* (Jn 14, 15). ¿A qué mandamientos se refería Jesús?

6. Escribe el mandamiento nuevo de Jesús y anota algunos ejemplos de cómo lo podemos vivir.

7. Las fuentes de la moralidad son tres. Indica cuáles son y su significado:
a) ....
b) ....
c) ....

8. Jesús dijo en el Sermón de la Montaña:

No amontonéis tesoros en la tierra, donde la polilla y la herrumbre los corroen y donde los ladrones socavan y roban. Amontonad en cambio tesoros en el cielo, donde ni la polilla ni la herrumbre corroen, y donde los ladrones no socavan ni roban. Porque donde está tu tesoro allí estará tu corazón.

Explica el significado de estas palabras de Jesús.

9. Define qué es la conciencia y sus clases:
verdadera/errónea
cierta/dudosa

10. Explica el significado de esta frase:
«El fin no justifica los medios.»

11. ¿Cuáles son los cinco pilares de la religión islámica?

PARA SABER MÁS

GRANDEZA DE LA MORAL CRISTIANA

La moral cristiana **expresa la verdad del hombre y sus verdaderos bienes**. La Verdad que Cristo nos ha manifestado y la Iglesia nos enseña no se impone. Pero como la verdad es bella, cuando se conoce se descubre que es la que perfecciona al hombre en su integridad.

Si se compara la moral cristiana con otros sistemas morales (por ejemplo el budismo y el islamismo), se descubre que:

a) **Comprende al hombre en cuanto a su dimensión corporal:** la bondad de este, pues salió bueno de las manos de Dios; el sentido de la virtud de la templanza y de la castidad; la defensa de toda vida humana, etc.
b) **Explica plenamente la interioridad del hombre:** hecho «a imagen y semejanza de Dios»; con un alma espiritual e inmortal, capaz de conocer y de tratar a Dios....
c) **Manifiesta el sentido último del dolor:** nos hace semejantes a Cristo en su Pasión redentora, nos purifica de nuestros pecados y nos hace ganar méritos para la vida eterna.
d) **Propone las normas más completas sobre las relaciones humanas**, para la familia y la sociedad; es la única religión que manda amar y perdonar a los enemigos, rechazar todo tipo de violencia, evitar la guerra (salvo en legítima defensa), etc.
e) **Presenta una doctrina sublime:** el principio fundamental es el amor, en primer lugar a Dios y luego a nuestros prójimos.
f) **Colma de esperanza:** tanto para la vida en la tierra como, sobre todo, para la vida más allá de la muerte.
g) Hace al cristiano que vive en gracia de Dios «otro Cristo», hijo de Dios y templo del Espíritu Santo.

Puede costar vivir todas sus normas porque es una moral exigente que llama al hombre y a la mujer a la santidad, según las palabras de Jesús: *Sed perfectos como mi Padre celestial es perfecto* (Mt 5, 48).

1. Elabora un sencillo esquema personal en el que sintetices los motivos por los que la moral cristiana es una doctrina sublime. Después haz un cuadro comparativo con la moral del budismo y del islamismo.

ACTIVIDAD FINAL

LA PARÁBOLA DEL BUEN SAMARITANO

La parábola del buen samaritano es un ejemplo práctico del sentido de la moral cristiana como vida moral en Cristo.

Análisis de las circunstancias históricas

Lee la Parábola del Buen Samaritano (Lc 10, 25-37) y compárala con los dibujos que observas en esta página. Contesta:

1. ¿Qué dos ciudades aparecen en el relato de Jesús? ¿Por qué dice que «bajaba» de una a otra? Consulta el mapa de la página 74 para responder.
2. Identifica a los protagonistas: ¿Quiénes eran los sacerdotes de Israel? ¿Quiénes eran los levitas?
3. ¿Qué sabes de la relación entre israelitas y samaritanos en aquella época?

Análisis de las enseñanzas religiosas

1. ¿Qué palabras –literales– utiliza Jesús para referirse a las actitudes de los tres personajes que ven al herido?
2. ¿Por qué te parece que Jesús eligió la persona de un samaritano para el papel del que es misericordioso en la parábola?
3. Resume las enseñanzas que Jesús enseña en esta parábola.

Aplicación de la parábola

1. Describe una situación en la que alguien se haya portado como el Buen Samaritano.
2. Piensa, además, en alguna acción que puedas protagonizar tú ante alguna persona necesitada y llévala a cabo.

11 LA SEXUALIDAD HUMANA

¿No sabéis que vuestro cuerpo es templo del Espíritu Santo,
que habita en vosotros y que habéis recibido de Dios?
Ya no os pertenecéis a vosotros mismos.
Habéis sido comprados a gran precio;
glorificad, pues, a Dios con vuestro cuerpo.

(1 Cor 6, 19-20)

Esquema de la unidad

1. Concepto cristiano del cuerpo
- El cuerpo es un don de Dios
- «Hombre y mujer los creó...»

2. La virtud de la castidad
- «Bienaventurados los limpios de corazón»
- Los pecados contra la castidad

3. Somos templos del Espíritu Santo
- Los medios para vivir la castidad
- La castidad según el estado de vida

4. Testigos de la virtud de la castidad

Reflexionamos y comentamos

Si alguien te preguntara cuáles son los seres más perfectos y más completos entre todo lo creado por Dios, seguro que no dirías los caballos o los perros, los elefantes o los tigres, sino que contestarías que son la mujer y el hombre. Los que te oyeran te darían la razón, porque esa es la respuesta correcta. Sí, nosotros somos los seres más perfectos salidos del amor y del poder de Dios. Tenemos un alma que no muere, capaz de progresar en los conocimientos y de querer libremente. Poseemos un cuerpo de gran belleza y armonía: con ojos para ver; pies para caminar y hacer deporte; manos para trabajar y ayudar a los demás; unos órganos sexuales para transmitir la vida... Todo en nosotros es bueno y útil.

Dialogamos

- ¿En qué es el ser humano más perfecto que los más perfectos y bellos animales?
- Explica por qué todo lo que poseemos en nuestro cuerpo es bueno y útil.

1. CONCEPTO CRISTIANO DEL CUERPO

NOS PREGUNTAMOS

¿Es cierto lo que algunos piensan: que la moral cristiana tiene un sentido negativo del cuerpo humano y de la sexualidad? En tu opinión, ¿en qué se basan esas interpretaciones?

+ RESPETO Y VALORACIÓN DE AMBOS SEXOS

Con frecuencia se insiste mucho en la igualdad absoluta entre el hombre y la mujer, pero sin reconocer las diferencias específicas con las que la naturaleza ha dotado a cada uno de los sexos. En teoría, todos (hombres y mujeres) podemos ser médicos, abogados, policías, jueces o taxistas. Pero no todos podemos ser madres. Solo las mujeres han sido dotadas por Dios para dar a luz un hijo. El desafío actual consiste en crear una igualdad entre los géneros que tenga a la vez en cuenta las diferencias específicas; y que ayude en particular a la mujer a realizar su función insustituible de madre. Está en juego el futuro de la familia y de la sociedad.

➡ Reflexiona sobre este texto e intenta desarrollar algunas de las consecuencias prácticas que de él se derivan.

1.1. EL CUERPO ES UN DON DE DIOS

El cristianismo tiene una concepción extraordinariamente positiva del cuerpo humano. ¿Sabes por qué? Estas son algunas de las razones:

1) **Jesucristo,** el Hijo eterno de Dios, s**e encarnó,** es decir, se hizo verdadero hombre y tiene un cuerpo como el nuestro por toda la eternidad.

2) **La Virgen María** engendró en su cuerpo inmaculado al Hijo de Dios hecho hombre, dándole su carne y su sangre.

3) **Jesús** resucitó con su cuerpo humano, lleno de gloria, y subió al cielo.

4) **Cada cristiano,** desde el Bautismo, es una «criatura nueva»: su cuerpo y su alma «son templo de Dios» (1 Cor 6, 19), por la gracia santificante que recibimos en ese sacramento. Dios vive en cada bautizado mientras mantiene ese estado de gracia.

5) Por último, nuestro cuerpo está destinado a la **resurrección** y a vivir eternamente en la gloria junto a Jesús resucitado y glorioso (1 Cor 15, 20-25).

1. Resume algunas razones que lleven al cristianismo a tener un concepto positivo del cuerpo humano.

2. Reflexiona sobre las palabras de san Pablo que van en la primera página de esta unidad:
- ¿Desde cuándo nuestro cuerpo es «templo del Espíritu Santo»?
- ¿Con qué precio hemos sido comprados?
- ¿Cómo se puede glorificar a Dios con el cuerpo?

1.2. «HOMBRE Y MUJER LOS CREÓ...»

La doctrina moral católica sobre la sexualidad se puede formular en estos tres principios:

1. **El ser humano no está hecho para la soledad sino para la «comunión».**

   Desde la primera página de la Biblia el hombre y la mujer son presentados en pareja, con mutua atracción afectiva y con inclinación sexual del uno hacia el otro. Así lo enseñan las Escrituras: *Por eso dejará el hombre a su padre y a su madre y se unirá a su mujer, y serán los dos una sola carne* (Gn 2, 24).

   Dios, que es Amor, ha inscrito en el hombre y en la mujer la capacidad y la responsabilidad del amor y de la comunión («común-unión»). También en esto se ve cómo la persona humana ha sido creada «a imagen y semejanza» de Dios *(Familiaris consortio,* n.° 11).

2. **La sexualidad requiere autodominio.**

   La sexualidad humana –precisamente por ser «humana»– ha de estar *orientada por la razón y sometida a la voluntad*. Esto significa que se requiere un **autodominio*** sobre la propia sexualidad. De lo contrario, acabaría siendo una pasión instintiva como en los animales. Como veremos más adelante, sin la ayuda de la gracia de Dios, al ser humano le resulta muy difícil orientar rectamente su sexualidad.

3. **Abierta a la procreación.**

   La Biblia nos cuenta que Dios bendijo al primer hombre y a la primera mujer y les dijo: *Sed fecundos y multiplicaos* (Gn 1, 28). Esto significa que, según el plan de Dios, el ejercicio de la sexualidad humana entre el hombre y la mujer debe estar abierto a la **procreación***. Por eso, la moral católica enseña que el uso lícito de la sexualidad se da exclusivamente en el **matrimonio,** puesto que, según el plan de Dios, este es el ámbito propio para la generación y educación de los hijos.

+

SE REQUIERE AUTODOMINIO

«Si cedes ante la pasión, no acuses a tu carne sino a tu alma. La carne por naturaleza es débil; la obligación del alma es hacerla fuerte» (Garçot).

➡ ¿Qué medios humanos y espirituales puede poner un chico o una chica de tu edad para conseguir un «alma fuerte» y el debido «autodominio» sobre las pasiones y los instintos sexuales?

3. Señala y razona si estas frases son verdaderas o falsas:
   a) El cristianismo tiene un concepto negativo de la sexualidad.
   b) La Iglesia acepta las relaciones sexuales «prematrimoniales».
   c) Para vivir rectamente la sexualidad se precisa la ayuda de la gracia de Dios.

4. ¿Qué quiere decir que la sexualidad es «una realidad buena en sí misma»?

5. Enuncia los tres principios en los que puede resumirse la doctrina moral de la religión católica.

VOCABULARIO

Autodominio: el hecho de tener dominio el ser humano sobre sí mismo y sus inclinaciones.

Procreación: es la acción de producir o engendrar una nueva vida.

2. LA VIRTUD DE LA CASTIDAD

? Nos preguntamos

Agustín de Hipona (san Agustín) es el autor de la primera autobiografía de la historia de la literatura. En su libro titulado *Confesiones* nos relata magistralmente cómo fueron los años de su adolescencia y juventud, antes de conocer el cristianismo. En ese libro dice: «Cuando llegué a la adolescencia buscaba las satisfacciones sensuales, permitidas y hasta aplaudidas por la desvergüenza humana, pero contrarias al amor de Dios». Luego cuenta como aquella clase de vida no le hacía feliz. Y más adelante explica cómo Dios le liberó, con su gracia, de «aquellas cosas bajas».

¿Dónde buscaba Agustín el ser feliz? ¿Por qué no se sentía satisfecho consigo mismo por ese camino?

2.1. «BIENAVENTURADOS LOS LIMPIOS DE CORAZÓN»

Jesucristo dijo: *Bienaventurados los limpios de corazón por que ellos verán a Dios* (Mt 5, 8). Y san Pablo añadió: *La voluntad de Dios es vuestra santificación: que os abstengáis de la* ***fornicación**** *y que cada uno sepa guardar su cuerpo en santidad y honor* (1 Tes 4, 3-6).

Esta limpieza del corazón la vive el cristiano por medio de la **castidad*,** que es la virtud moral que ordena las tendencias sexuales en el hombre y en la mujer según el plan de Dios para el amor humano. La virtud de la castidad no significa «represión» de las tendencias afectivas o sexuales. Más bien lo que hace esta virtud es ordenar e integrar esas tendencias hacia el verdadero amor a la otra persona. La castidad es la virtud que permite asegurar el *dominio* del propio cuerpo para que sea capaz de expresar la *donación personal* (*La familia, santuario de la vida*, n.º 55). Este autocontrol es muestra de la inteligencia y de voluntad libre del ser humano. En esto se distingue principalmente de los animales irracionales, que siguen ciegamente la ley de su instinto.

La virtud de la castidad dignifica al ser humano, mantiene limpias las costumbres, el matrimonio, el noviazgo, las diversiones y da a quienes la viven una alegría verdadera. Solo los **limpios de corazón** tienen verdadera paz en el alma y solo ellos **verán a Dios,** según enseño Jesús en el Sermón de la Montaña (Mt 5, 8).

Jesucristo amó y enseñó a amar esta virtud. Todo cristiano debe también amarla y practicarla. Cada uno en su condición y estado de vida, como se tratará más adelante.

+ Vivir la castidad

Cuando los seres humanos no viven la castidad:

- Se degradan fácilmente.
- Se pierde la verdadera alegría.
- Se debilita la fe.
- Se falsifica el amor.

➡ ¿Podrías hacer una lista de valores que surgen de la virtud de la castidad para el ser humano y para la sociedad?

6. Comenta los textos bíblicos que están citados en este apartado, en particular 1 Tes 4, 3-6.

7. ¿Qué argumentos darías a un amigo/a tuyo para explicarle que la virtud de la castidad no se ha pasado de moda y que es una virtud positiva?

2.2. ¿QUIÉNES PECAN CONTRA LA CASTIDAD?

La sexualidad es un don recibido de Dios que ha de ser custodiado y empleado según el designio de Aquel que nos lo ha dado. No se respeta ese designio divino cuando la sexualidad es utilizada como un simple juego o cuando solo busca la propia satisfacción egoísta, al margen del plan de Dios.

Por eso, pecan contra la castidad quienes con su comportamiento contradicen los preceptos de la ley natural o de la ley divina (el Decálogo y las enseñanzas de la ley evangélica, tal como la hemos recibido en la Iglesia); en concreto:

- Los esposos que rompen su compromiso de fidelidad y mantienen relaciones sexuales fuera del matrimonio (adulterio). También aquellos esposos que impiden la concepción con medios artificiales.
- Quienes tienen relaciones sexuales prematrimoniales.
- Quienes, en el uso de la sexualidad, buscan el placer con personas del mismo sexo.
- Quienes buscan el placer sexual solitario (masturbación).
- Quienes consienten voluntariamente pensamientos y deseos impuros, o quienes, a través de imágenes pornográficas o de conversaciones impuras, viven en un clima moral en el que se desprecia el recto uso de la sexualidad (Catecismo, p. 328).

8. ¿En qué consiste el pecado de adulterio?

9. ¿Qué son las relaciones sexuales prematrimoniales y por qué se apartan del plan de Dios para la sexualidad?

Amor y sexualidad

➡ Razona por qué son erróneas estas afirmaciones:
(Para resolver bien estas cuestiones deberás consultar el Catecismo de la Iglesia, según se indica.)

a) «Para mí las relaciones sexuales prematrimoniales no son ningún pecado, pues lo hacemos por amor y de mutuo acuerdo» (véase CIC, n.º 2.350).
b) «La masturbación es lícita, pues con ello no se hace ningún mal a nadie» (véase CIC, n.º 2.352).
c) «Es retrógrado condenar el adulterio cuando esas relaciones se mantienen por amor y de común acuerdo» (véase CIC, n.ºs 2.380 y 2.381).

Vocabulario

Fornicación: realización del acto sexual completo entre un hombre y una mujer que no están casados.
Castidad: virtud moral que consiste en el uso ordenado de las tendencias sexuales.

3. SOMOS TEMPLOS DEL ESPÍRITU SANTO

NOS PREGUNTAMOS

¿Es razonable que Dios nos pida ciertas dosis de dominio propio como preparación responsable para la formación de una familia en el matrimonio? ¿Es posible vivir la castidad en una sociedad tan «erotizada» como la nuestra?

3.1. LOS MEDIOS PARA VIVIR LA CASTIDAD

Sin la ayuda de la **gracia de Dios** resulta muy difícil vivir bien la castidad. Como también lo es dominar el mal genio o el amor propio o ser desinteresado en el trabajo o decir siempre la verdad. Luchar por vivir la castidad es **un signo de la presencia del Espíritu Santo en el cristiano.** Es también camino para la maduración de la persona y la mejor preparación para un matrimonio cristiano o para la entrega total a Dios al servicio de los demás.

Para que el hombre y la mujer sepan relacionarse con un amor limpio y puro **necesitan la ayuda del Espíritu Santo.** Esta ayuda se alcanza con:

- **La oración perseverante** para pedir al Señor que nos conceda este don del Espíritu Santo;
- **La frecuencia de los sacramentos,** principalmente de la Penitencia y de la Eucaristía;
- **El huir con valentía de las ocasiones de pecar,** como son ciertas conversaciones, espectáculos, lecturas, lugares, etc.
- **La virtud de la humildad** para pedir perdón al Señor y levantarse siempre después de las caídas.
- **Una sincera devoción a la Virgen María.** Ella es Madre del Amor Hermoso, es decir, del amor puro y limpio que debe existir en el corazón del hombre y de la mujer.

+ MEDIOS QUE AYUDAN A VIVIR LA CASTIDAD

➡ Cuáles de estos medios ayudan más a vivir la virtud de la castidad. Señala el orden de importancia les darías:

a) Pedir cada día ayuda a la Virgen para vivir bien la pureza.
b) Estar ocupados en cosas útiles.
c) Ver películas limpias, no obscenas.
d) Recibir con frecuencia la Eucaristía.
e) La confesión, en especial cuando se ofende a Dios.

10. ¿Por qué la castidad es signo de la presencia del Espíritu Santo en el cristiano? ¿Se puede vivir esta virtud sin la ayuda de la gracia? ¿Por qué?

11. ¿Qué medios ha de poner el cristiano para vivir la virtud de la castidad?

3.2. LA CASTIDAD SEGÚN EL ESTADO DE VIDA

¿Cambia la virtud de la castidad según el estado de vida de cada uno? Para poder responder bien a esta pregunta, debemos partir del hecho de que todo ser humano, y más si está bautizado, está llamado por Dios a llevar una vida casta, cada uno según su estado de vida.

Con esta expresión se quiere decir que es distinto el modo de vivir la virtud de la castidad para:

- los esposos en el matrimonio;
- los no casados;
- aquellos que han sido llamados por Dios a vivir el **celibato*** *por amor al Reino de los cielos* (véase Mt 19, 12).

La elección del celibato apostólico no significa ignorancia o desprecio hacia el amor humano; supone, por el contrario, amar con un amor más puro, más desinteresado, más sacrificado. Esto es lo que se llama vocación de entrega total a Dios. Y Cristo necesita en la Iglesia de estas vocaciones para cumplir su misión en el mundo para la salvación de las almas.

Sin embargo, conviene insistir en que todos –tanto los célibes como los casados– están llamados a vivir la castidad, al igual que todos los cristianos estamos llamados a la santidad.

Monjes del Monasterio de San Pedro de Cardeña.

12. ¿La castidad ha de ser vivida igual por todos? ¿Qué tiene de igual y qué tiene de diferente la castidad en los diversos estados?

13. ¿Qué es el celibato? ¿Y el «celibato apostólico»? ¿Con qué palabras se refirió a él Jesucristo?

+

JESÚS NOS HABLA DE LA CASTIDAD

De manera que ya no son dos, sino una sola carne. Por tanto, lo que Dios unió no lo separe el hombre... Dijéronle los discípulos: Si tal es la condición del hombre con la mujer, no conviene casarse. El les contestó: No todos entienden esto, sino aquellos a quienes ha sido dado. Porque hay eunucos que nacieron así del vientre de su madre, y hay eunucos que fueron hechos por los hombres, y hay eunucos que a sí mismos se han hecho tales por amor del reino de los cielos. El que pueda entender, que entienda (Mt 19, 6 y 10-12).

➡ ¿En qué contexto dijo Jesús estas palabras? ¿Qué es un eunuco? ¿Quiénes son los que se hicieron tales por el Reino de Dios? ¿Cómo se ve en ese texto que se trata de un don de Dios?

VOCABULARIO

Celibato: estado de la persona –hombre o mujer– que no ha contraído matrimonio. El «celibato apostólico» es el que se adopta voluntariamente «por amor al Reino de los cielos».

SÍNTESIS

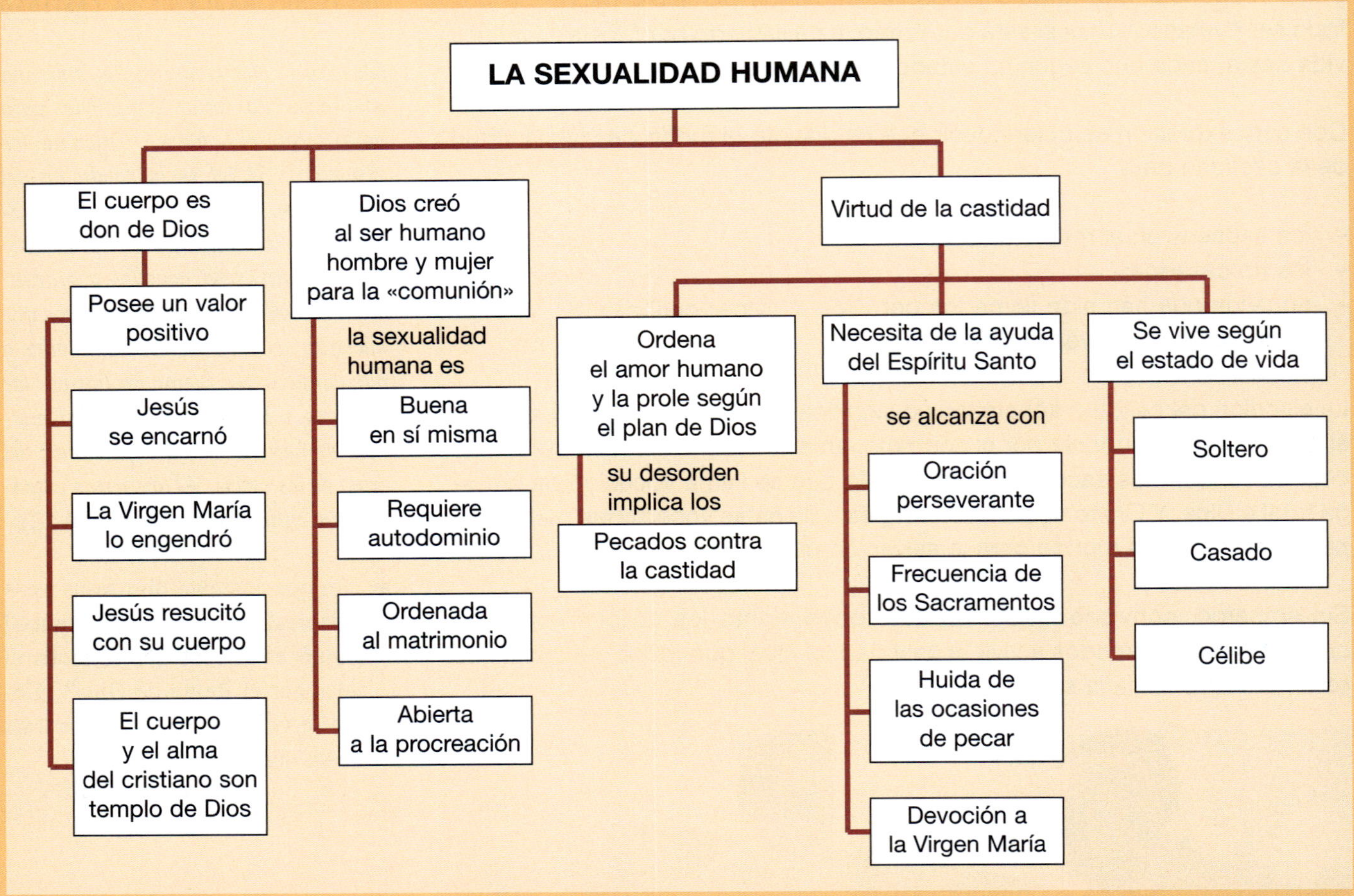

1. El cristianismo tiene una concepción extraordinariamente positiva del cuerpo humano. Jesucristo asumió un cuerpo como el nuestro. Todos los cuerpos están destinados a la resurrección final.

2. El cuerpo de cada cristiano es «templo del Espíritu Santo». Dice san Pablo: *¿No sabéis que vuestro cuerpo es templo del Espíritu Santo, que habita en vosotros, y que habéis recibido de Dios? Ya no os pertenecéis a vosotros mismos. Habéis sido comprados a gran precio; glorificad, pues, a Dios con vuestro cuerpo* (1 Cor 6, 19-20).

3. La doctrina moral católica sobre la sexualidad se puede formular en estos tres principios:
- Valor positivo de la sexualidad.
- La sexualidad requiere autodominio.
- Abierta a la procreación.

4. La castidad es la virtud que ordena las tendencias sexuales en el hombre y en la mujer según la voluntad de Dios. Este orden (que requiere autocontrol) es muestra de la inteligencia y de la voluntad que Dios ha dado al ser humano.

5. Pecan contra la castidad quienes con su comportamiento contradicen los preceptos de la ley natural o de la ley divina (el Decálogo y las enseñanzas de la ley evangélica).

6. Para vivir la virtud de la castidad se necesita la ayuda del Espíritu Santo. Esta ayuda se alcanza con: la oración perseverante, la frecuencia de los sacramentos, el huir con valentía de las ocasiones de pecar, la virtud de la humildad y una sincera devoción a la Virgen María.

ACTIVIDADES

DE EVALUACIÓN

1. Completa esta frase:
«La moral católica enseña que el uso lícito de la sexualidad solo se da en el ....»

2. Relaciona. La sexualidad...

a) Tiene un valor	1. autodominio
b) Requiere	2. procreación
c) Debe estar abierta a la	3. positivo

3. Completa esta expresión de Jesús:
Bienaventurados los limpios de corazón porque ellos ....

4. Completa las palabras que faltan en la siguiente definición:
«La virtud de la castidad es la que ordena las .... en el hombre y en la .... según la voluntad de ....»

5. Señala las frases verdaderas y rectifica las falsas:
a) El cristianismo tiene un concepto negativo del cuerpo humano.
b) Cuando los seres humanos no viven la castidad se alejan del verdadero amor.
c) No es posible vivir en el mundo y ser casto/a.
d) La virtud de la castidad es fuente de alegría verdadera.

6. Completa esta frase:
«Es imposible vivir la virtud de la castidad sin la ayuda del ....»

7. Completa estas frases.
«Es posible vivir la virtud de la castidad si usamos los siguientes medios:
a) La devoción a la ....».
b) Recibir con frecuencia los ....»
c) Huir de las ....»

8. Ordena la siguiente expresión y coméntala:
– está llamado por Dios
– cada uno según su estado de vida
– todo ser humano
– a llevar una vida casta

DE REFUERZO

1. Indica al menos tres razones que muestran la dignidad del cuerpo humano:
a) ....
b) ....
c) ....

2. Completa estas palabras de san Pablo:
¿No sabéis que vuestro .... es templo del ...., que habita en .... , y que habéis recibido de ....? Ya no os pertenecéis a .... mismos. Habéis sido .... a gran precio; glorificad, pues, a .... con vuestro ....

3. Señala y razona si estas frases son verdaderas o falsas:
a) El cristianismo tiene un concepto positivo de la sexualidad.
b) La Iglesia acepta las relaciones sexuales «prematrimoniales».
c) Para vivir rectamente la sexualidad se precisa la ayuda de la gracia de Dios.

4. «Si cedes ante la pasión, no acuses a tu carne sino a tu alma. La carne por naturaleza es débil; la obligación del alma es hacerla fuerte.» ¿Qué significan estas palabras? Explícalo.

5. Completa estas definiciones:
Autodominio es el hecho de tener .... el ser humano sobre .... y sus ....
Procrear es la acción de .... o .... una nueva ....

6. Comenta el significado de este texto de san Pablo:
La voluntad de Dios es vuestra santificación: que os abstengáis de la fornicación y que cada uno sepa guardar su cuerpo en santidad y honor.

7. ¿Qué medios debe poner el cristiano para vivir la virtud de la castidad? Escribe al menos tres:
a) ....
b) ....
c) ....

PARA SABER MÁS

TESTIGOS DE LA VIRTUD DE LA CASTIDAD

Los cristianos tenemos muchísimos modelos que nos animan a vivir bien la virtud de la castidad. Veamos algunos:

1. Una adolescente santa

María Goretti (1890-1902) nació en Italia en una familia pobre y campesina. Educada por su madre viuda, a los 12 años llevaba una vida normal para una chica de su edad. Iba a la escuela y ayudaba en los trabajos de su casa. También frecuentaba los sacramentos, sobre todo la Eucaristía, que recibía al menos cada domingo. Cuando comulgaba solía repetir una oración que le había enseñado su madre: «Señor, antes morir que pecar». Junto a la casa de María vivía Alejandro, un joven de 20 años, que comenzó a fijarse en María. Alejandro la tentó dos veces para pecar con él pero fue rechazado por María. La siguiente ocasión se presentó cierto día en que María se había quedado sola en casa cosiendo ropa. Alejandro trató de forzarla pero María se resistió con todas sus fuerzas. Enfurecido, Alejandro tomó un punzón de hierro con el que hirió mortalmente a la joven. María murió perdonando a su asesino y encomendándolo a la Virgen María. El papa Pío XII canonizó a María Goretti en 1950 y la propuso al mundo y a los jóvenes como modelo de pureza y de fidelidad a los Mandamientos de Dios.

2. El testimonio de Juan Pablo II

Juan Pablo II se ha referido en diversas ocasiones a la experiencia de su vocación al sacerdocio y a su concepto del amor humano. Karol Wojtyla recibió de joven una llamada especial de Dios para que fuera sacerdote y renunciase al matrimonio. Sin embargo, esa renuncia en ningún caso la entendió como algo negativo. El joven Karol apreciaba profundamente la belleza del amor humano, pero Dios tenía para él otros planes: escuchó y siguió la llamada de Dios a un amor más alto, a un amor que exigía la donación total del cuerpo y del alma para entregarse al servicio de Dios y de todos los seres humanos.

«Hubo un día en que supe con certeza que mi vida no se realizaría en el amor humano, cuya belleza siempre he apreciado profundamente.» Con estas palabras, dichas a André Frossard, Juan Pablo II se refería a su vocación sacerdotal. El aprecio hacia el amor humano noble y limpio le llevó, siendo ya sacerdote, a preparar a muchos jóvenes para el matrimonio. Él les iba enseñando que el objetivo del vivir cristiano no puede ser la búsqueda egoísta del placer. «Se conocían, se elegían y fundaban un hogar. Yo bendecía su matrimonio, participaba de sus alegrías de padres jóvenes y bautizaba a los niños que venían al mundo. Ellos se confiaban a mí y hablábamos libremente de todos sus problemas» (*A vosotros, jóvenes*, pp. 180 y 181).

¿Qué actitudes destacan más en María Goretti? ¿Puede servir de ejemplo para los jóvenes de hoy? ¿Por qué?

Escribe una redacción en la que expliques qué sentido tiene el celibato sacerdotal. Puedes inspirarte en el texto sobre Juan Pablo II y en los n.os 1.579 y 2.349 del Catecismo de la Iglesia Católica.

ACTIVIDAD FINAL

Consulta los siguientes textos de la Biblia y anota en tu cuaderno con cuáles se relaciona cada una de las viñetas, siguiendo su numeración:

- Génesis: 1, 27-28
- 1 Corintios: 6, 15-20
- 1 Tesalonicenses: 4, 3-7
- Mateo: 5, 8
- Mateo: 19, 10-12

1

Dios definió tu sexo, para siempre, en el mismo momento de la concepción en el vientre de tu madre.

2

Dios ha previsto que, para continuar la especie, el hombre y la mujer se unan con amor formando una familia.

3

Procrear es dar la vida, colaborando con Dios, a una persona humana por medio de la unión amorosa de un hombre y una mujer.

4

Las tendencias sexuales tienen dos maravillosos objetivos: el amor profundo entre los esposos y el nacimiento de nuevas vidas humanas.

5

Las tendencias sexuales son importantes y debemos usarlas con responsabilidad según el plan de Dios.

6

De ti depende que tu crecimiento sea sano y adecuado; lucha para encauzar tu sexualidad rectamente, con la ayuda de la gracia de Dios

12 EL MATRIMONIO Y LA FAMILIA

Tú dijiste: «No está bien que el hombre esté solo,
hagámosle una ayuda semejante a él».
Yo no tomo a esta mujer con deseo impuro,
sino con recta intención.
Ten piedad de mí y de ella,
y haznos llegar juntos a la vejez.

(Tb 8, 5-7)

Esquema de la unidad

1. El matrimonio en el plan de Dios
- El matrimonio fue instituido por Dios
- El sacramento del Matrimonio

2. El matrimonio y la familia
- Las propiedades esenciales del matrimonio
- La responsabilidad educativa de la familia

3. Los deberes de los hijos
- «Honrar padre y madre»
- Jesús nos enseñó a amar a nuestra familia

4. El divorcio y su problemática

Reflexionamos y comentamos

Una madre, que trabajaba también fuera de su casa, pertenecía a diversas asociaciones, y esto le llevaba cierto tiempo y esfuerzo. Pero he aquí que otra señora vino a proponerle que se apuntara a una nueva. La madre optó por excusarse:
–Lo siento, pero ya no tengo tiempo.
–¿Tan ocupada está usted?
–Pues sí. Sobre todo porque debo dedicar bastante tiempo a una asociación cuyo presidente es mi marido y buena parte de los trabajos recaen sobre mí.
–¡Ah! ¿Y a qué se dedica esa asociación?
–Verá, a mil cosas. Fomenta la vida cristiana, la educación de la infancia y de la juventud, se ocupa de la alimentación, higiene y enseñanza; también de la difusión de la cultura...
–¿Y cómo se llama? Nunca había oído hablar de ella y parece muy interesante.
–Seguro que la conoce: se llama familia.

(Julio Eugui, *Nuevas anécdotas y virtudes*)

Dialogamos

- ¿Qué asociaciones conoces tú?
- ¿Cuáles entre ellas te parecen más importantes? ¿Por qué?

Nos preguntamos

Los seres humanos hemos inventado muchas cosas en el campo de la medicina, de la informática, de los vuelos espaciales, de las competiciones deportivas... Cita algunos ejemplos de inventos recientes.

1. EL MATRIMONIO EN EL PLAN DE DIOS

1.1. EL MATRIMONIO ES UN PROYECTO DIVINO

La capacidad de ser humano de producir nuevos proyectos e inventos parece carecer de límites. Sin embargo, hay cosas que no son fruto de la inteligencia o de la imaginación humana, sino de la naturaleza, tal como Dios la ha creado. Podría decirse que fueron «proyectadas por Dios». El matrimonio es una de ellas. El cristiano conoce, por sentido común y también por la Biblia, que el origen de esta institución está en Dios, Creador del mundo, del hombre y de la mujer.

En efecto, en la primera página de la Biblia se lee que Adán y Eva fueron creados por Dios «el uno para el otro»: *Por eso dejará el hombre a su padre y a su madre y se unirá a su mujer, y serán los dos una sola carne* (Gn 2, 24).

El cuerpo del varón y de la mujer han sido creados por Dios para el amor esponsal, capaz de expresar el amor personal que se compromete y entrega (*La familia, santuario de la vida*, n.º 53).

El amor entre los esposos está, por lo tanto, en el origen de cada familia; y ese amor, en el caso de la familia cristiana, lo bendice Dios con el **sacramento del Matrimonio***.

Es el amor entre los esposos el que da origen a los hijos y el que vincula a los hermanos entre sí, frutos todos ellos del amor entre los padres.

1. Lee Gn 1, 26-28 y contesta: ¿Quién dio origen al matrimonio? ¿Cuándo lo hizo? ¿Por qué lo hizo?

2. ¿Por qué el amor entre los esposos es una realidad buena y santa?

+ Para crear una familia

«Jesús nos dice además: *Bienaventurados los limpios de corazón*. Lo habéis dicho vosotros mismos: el amor entre hombre y mujer, entre chico y chica, es respetar al otro en su cuerpo, en su corazón, en su libertad; es recibirlo con admiración, como un don de Dios; es amarlo de forma diferente, con la intención de hacerlo todo para que sea feliz y mejor: es unirse para crear una familia» (Juan Pablo II, *Discurso a los jóvenes en Estrasburgo,* 13-XI-1988).

➡ Según estas palabras, explica cuál fue el plan de Dios al poner la atracción entre el hombre y la mujer.

1.2. EL SACRAMENTO DEL MATRIMONIO

Jesús, al comienzo de su vida pública, asistió a las **bodas de Caná** e hizo allí su primer milagro (Jn 2, 1-11). La Iglesia ha visto en este gesto del Señor la confirmación de la bondad del matrimonio. San Pablo enseña que el matrimonio cristiano es signo de la alianza, llena de amor y de fidelidad, entre Cristo y la Iglesia y lo llama «sacramento grande» (Ef 5, 25-27). Los **ritos*** con que se administra este sacramento expresan la grandeza de la unión matrimonial.

El matrimonio se constituye por el **consentimiento matrimonial,** gracias al cual los esposos se entregan el uno al otro libremente y para siempre. Entre católicos solo es válido el matrimonio-sacramento, porque el llamado matrimonio civil no es verdadero matrimonio.

El sacramento del Matrimonio produce estos **efectos:**

1. Da a los esposos la gracia para amarse con el amor con que Cristo ama a su Iglesia.
2. Reafirma su unidad indisoluble.
3. Les ayuda a santificarse formando una familia cristiana.

Los esposos cristianos están llamados a santificarse en la vida familiar, mediante el amor mutuo, la fidelidad, la fecundidad y la educación de los hijos.

3. ¿Cuándo bendijo Jesús el matrimonio? ¿Cómo lo hizo?

4. ¿Qué diferencias puedes descubrir entre una unión de hecho entre un hombre y una mujer y un matrimonio verdaderamente cristiano?

EL VALOR DEL MATRIMONIO

«Denigrar el matrimonio es reducir a la vez la gloria de la virginidad; elogiarlo es realzar a la vez la admiración que corresponde a la virginidad» (San Juan Crisóstomo).

➡ Escribe un comentario personal a las palabras de este santo.

VOCABULARIO

Matrimonio: sacramento que santifica la unión del hombre y de la mujer para formar una familia cristiana. Véase en la Unidad 3.

Ritos: conjunto de signos sagrados (palabras y acciones) que forman parte de una ceremonia.

Nos preguntamos

¿Sabes qué signo suelen llevar consigo los esposos como muestra de su unión matrimonial? ¿Qué significado tiene?

+ Fidelidad y matrimonio

Lee este texto de la carta a los Hebreos: *El matrimonio sea tenido por todos en honor; la unión conyugal sea sin mancha porque Dios ha de juzgar a los fornicarios y a los adúlteros* (Hb 13, 4).

➡ ¿Qué enseñanzas explícitas e implícitas descubres en estas palabras? ¿Recuerdas lo que es la fornicación? ¿Y el adulterio?

2. EL MATRIMONIO Y LA FAMILIA

2.1. LAS PROPIEDADES ESENCIALES DEL MATRIMONIO

Según el plan de Dios, el matrimonio tiene unas propiedades que pertenecen a la verdad originaria («natural») del amor conyugal. Estas propiedades fundamentales del matrimonio son tres: la unidad, la indisolubilidad y la apertura a la fecundidad.

1) **Unidad:** El matrimonio es una «íntima comunidad de vida y amor conyugal» entre **un** hombre y **una** mujer. A esta unidad se opone la **poligamia*.**

2) **Indisolublidad:** La alianza contraída libremente ante Dios por los esposos les impone la obligación de mantenerla indisoluble: *Lo que Dios ha unido, que no lo separe el hombre* (Mc 10, 9). A esta propiedad se opone el **divorcio*.**

3) **Abierto a la fecundidad:** El verdadero amor conyugal tiende naturalmente a ser fecundo, es decir, a engendrar vidas humanas. La Iglesia enseña que todo «acto matrimonial debe quedar abierto a la transmisión de la vida» (*HV*, n.º 12), aunque dicha fecundidad, en ocasiones, no pueda darse. A esta propiedad se oponen el aborto y la contracepción.

La moral católica enseña que «los actos con los que los esposos se unen íntima y castamente entre sí son honestos y dignos, y, realizados de modo verdaderamente humano, significan y fomentan la recíproca donación, con la que se enriquecen mutuamente con alegría y gratitud» (CIC, n.º 2.362).

5. ¿Cuáles son las propiedades fundamentales del matrimonio?

6. ¿Qué es la indisolubilidad conyugal? ¿A qué obliga?

7. ¿Qué significa que el amor conyugal debe ser fecundo?

2.2. RESPONSABILIDAD EDUCATIVA DE LOS PADRES

En todas las especies animales Dios ha puesto un instinto que les lleva a cuidar de sus crías. En la especie humana los padres tienen esa misma inclinación natural. Ellos son, por ley natural, **los primeros y principales educadores de sus hijos.** Los padres cristianos reciben, además, en el sacramento del Matrimonio una especial ayuda de Dios para educar cristianamente a sus hijos y para edificar un hogar como una «comunión de personas» (Juan Pablo II, *Carta a las familias*, n.º 16).

Los principales deberes de los padres respecto de sus hijos son:

a) **Alimentarlos** desde que nacen hasta que puedan valerse por sí mismos.

b) **Educarlos en la fe,** enseñando a sus hijos la fe y la piedad cristiana y a descubrir su dignidad de hijos de Dios.

c) **Educar en ellos los valores humanos** con su ejemplo y con su palabra: el amor, el respeto, el dominio de sí, la sinceridad, el espíritu de servicio y de solidaridad, etc.

d) **Corregirles** cuando sea conveniente, para enseñarles a elegir el bien y a no desviarse por el camino del mal.

e) **Respetar el derecho de los hijos** a elegir su profesión y su estado de vida cuando lleguen a la edad oportuna.

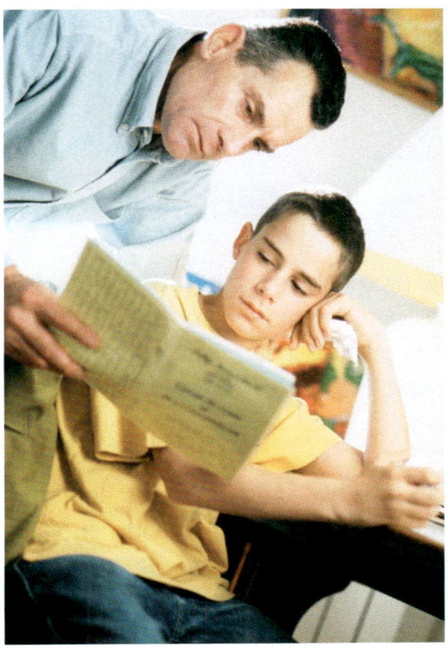

8. Lee la carta a los Hebreos 12, 8-11 y contesta: ¿Qué comparación se establece en este texto? ¿Se presenta la corrección como un mal o un bien? ¿Por qué a veces es necesaria la corrección de los padres?

9. ¿Cuáles son, en tu opinión, los principales valores y actitudes que deberían desarrollarse en la vida familiar?

+

FAMILIA Y SOCIEDAD

La importancia de la familia se percibe también en el hecho de que el ser humano nazca más desvalido que cualquier animal, de forma que necesita la asistencia de sus padres durante un periodo de tiempo mucho más largo. Y esta ayuda la precisa el niño no solo en las necesidades materiales (alimento, vestido, higiene...), sino, sobre todo, en sus necesidades espirituales (afecto, protección, educación, formación religiosa y moral...). El ser humano para madurar precisa de una prolongada atención de sus padres. Los organismos internacionales reconocen a la familia como el elemento fundamental de la sociedad.

Lee este texto de la *Declaración Universal de los Derechos Humanos*: «La familia es el elemento natural y fundamental de la sociedad y tiene derecho a la protección de la sociedad y del Estado» (artículo 16, 3).

➡ ¿Piensas que los Estados se toman en serio la ayuda a las familias? ¿En qué aspectos se debería mejorar?

VOCABULARIO

Poligamia: es la unión en matrimonio de un hombre con varias mujeres.

Divorcio: es la ruptura del vínculo, que existe entre dos personas casadas, decretada por un juez civil.

3. LOS DEBERES DE LOS HIJOS

NOS PREGUNTAMOS

¿Sabes lo que significa la palabra «honrar»? Recordemos entre todos algunas palabras equivalentes.

3.1. «HONRAR PADRE Y MADRE»

Muchas veces se ha dicho que la familia es la «primera célula de la **sociedad*** humana». En efecto: imaginemos una sociedad formada por familias sanas y estables, en las que los padres amen de verdad a sus hijos y se ocupen seriamente de su educación enseñándoles a amar a Dios y al prójimo, a usar bien de su libertad, a ser ordenados y trabajadores... Y en la que los hijos fueran agradecidos a sus padres, estudiosos y responsables. En una comunidad así las cosas seguramente funcionarían muy bien: habría más amor mutuo, menos delincuencia, menos drogadicción, más trabajo y más solidaridad.

La formulación del cuarto mandamiento dice así: **Honrar padre y madre.** Este mandamiento está en la ley de Moisés y aparece repetido muchas veces en la Sagrada Escritura: *Honra a tu padre y a tu madre, como te lo ha mandado Yahvé tu Dios, para que se prolonguen tus días y seas feliz en la tierra que Dios te da* (Dt 5, 16).

El término **honrar*,** tal como aparece en la Biblia, abarca varias actitudes muy importantes, como el amor, la gratitud, el respeto, la obediencia..., en definitiva, vivir la vida de familia con verdadero *espíritu de comunión* («común unión»).

+ LOS DEBERES DE LOS HIJOS

«Los hijos deben a sus padres respeto (piedad filial), reconocimiento, docilidad y obediencia, contribuyendo así, junto a las buenas relaciones entre hermanos y hermanas, al crecimiento de la armonía y de la santidad de toda la vida familiar. En caso de que los padres se encuentren en situación de pobreza, de enfermedad, de soledad o de ancianidad, los hijos adultos deben prestarles ayuda moral y material.» (Compendio del CIC, n.º 459)

➡ La omisión de estos deberes supone diversos pecados contra el cuarto mandamiento de la Ley de Dios. Enuncia algunos de estos pecados.

10. ¿Por qué se llama a la familia «primera célula de la sociedad»?

11. Pon un ejemplo de las siguientes actitudes de los hijos con respecto a los padres:
a) gratitud; b) respeto; c) obediencia.
¿Qué otras actitudes abarca el término «honrar» cuando se refiere al cuarto mandamiento del Decálogo?

3.2. JESÚS NOS ENSEÑÓ A AMAR A NUESTRA FAMILIA

Jesús tenía una familia. Como ya sabes, su madre se llamaba María y José, el esposo de María, hizo las veces de padre y cuidó de Él en todo. A pesar de que Jesús era el más importante, obedecía siempre a sus padres y todos colaboraban en la familia de Nazaret para hacerse felices.

Jesús encontrado en el Templo,
de W. H. Hunt, s.XIX.

El evangelio de san Lucas nos dice: *Y cuando lo cumplieron todo, según la Ley del Señor, se volvieron a Nazaret, donde vivían. Allí Jesús siguió bajo la autoridad de María y José* (Lc 2, 39 y 51).

Con su ejemplo Jesús nos enseñó a amar y proteger a nuestra familia. Para cumplir el cuarto mandamiento debemos amar, respetar y obedecer a nuestros padres.

- **Los amamos** cuando los tratamos con cariño, les ayudamos, evitamos disgustarles, les agradecemos lo que hacen por nosotros y rezamos por ellos.
- **Los respetamos** cuando no les insultamos ni los despreciamos, disculpamos sus fallos, les hablamos con afecto y procuramos fomentar un ambiente alegre, sano y positivo en el hogar.
- **Les obedecemos** cuando hacemos caso de sus consejos, realizamos sus mandatos o encargos y colaboramos con ellos por el bien de toda la familia.

De igual modo, debemos **amar a nuestros hermanos** y hacerlos felices ayudándoles, evitando los enfados, haciendo las paces y rezando por ellos. Nuestros abuelos, tíos, primos y otros parientes forman parte de nuestra familia y debemos quererlos, respetarlos y ayudarlos.

También debemos rezar por nuestros familiares difuntos.

12. Explica el significado del texto de Lc 2, 39 y 51. ¿Era san José el verdadero padre de Jesús? Explícalo.

13. ¿Quiénes forman parte de nuestra familia? ¿Qué obligaciones tenemos hacia ellos?

14. ¿Qué significa amar, respetar y obedecer a los padres?

+

CUANDO LOS PADRES SON MAYORES

Los deberes de los hijos, aunque de forma diferente, continúan cuando sus padres son mayores. En la medida en que puedan, deben prestarles ayuda en los años de vejez, en sus enfermedades y en los momentos de soledad o de abatimiento.

➡ Lee el n.º 2.218 del Catecismo de la Iglesia Católica y haz un esquema con las principales ideas que contiene.

VOCABULARIO

Sociedad: reunión de personas para un fin determinado. La familia es la primera sociedad natural, anterior a cualquier otra.

Honrar: respetar a las personas reconociendo su dignidad. Los hijos tienen especial deber de honrar a sus padres.

SÍNTESIS

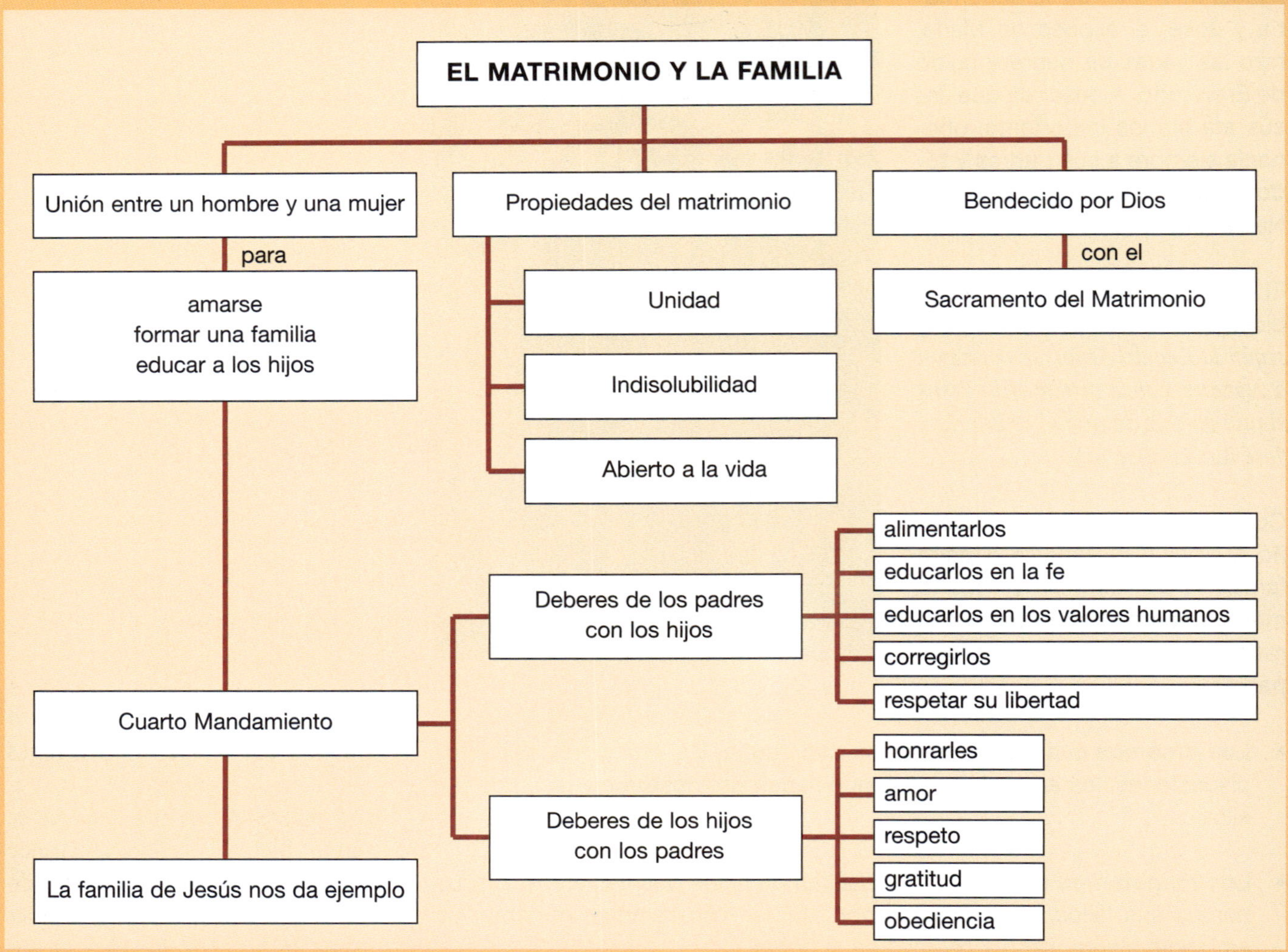

1. La Biblia enseña que Adán y Eva fueron creados por Dios «el uno para el otro». El matrimonio tiene, por lo tanto, su origen en Dios, es una obra de Dios.

2. El sacramento del Matrimonio es aquel que santifica la unión del hombre y de la mujer para formar una familia cristiana.

3. Entre católicos solamente es válido el matrimonio-sacramento. Para un católico, el llamado matrimonio civil no es verdadero matrimonio.

4. Las propiedades fundamentales del matrimonio son:
   a) La unidad: un hombre con una mujer; b) La indisolubilidad: la unión matrimonial cristiana no puede disolverse; c) Abierto a la procreación: es decir, a la transmisión de la vida.

5. Los principales deberes de los padres hacia los hijos son:
   a) Alimentarlos; b) Educarlos en la fe; c) Educarlos en los valores humanos; d) Corregirles cuando sea conveniente; e) Respetar el derecho de los hijos a elegir su profesión y su estado de vida.

6. El cuarto mandamiento es «honrar padre y madre». El término honrar, tal como aparece en la Biblia, abarca varias actitudes muy importantes como el amor, la gratitud, la consideración y el respeto, la obediencia...

ACTIVIDADES

DE EVALUACIÓN

1. ¿Dónde tuvo su origen el matrimonio? ¿Quién fue su autor?

2. Define el sacramento del Matrimonio completando esta frase:
El sacramento del .... es aquel que .... la unión del .... y de la .... para formar una .... cristiana.

3. Completa estas frases. El amor entre los esposos:
a) Da origen a la ....
b) De él nacen los ....
c) Vincula entre sí a los ....

4. Las propiedades fundamentales del matrimonio son:
a) La unidad, es decir ....
b) La indisolubilidad, es decir ....
c) Estar abierto a la procreación: es decir ....

5. El término «honrar» abarca varias actitudes en la relación de los hijos con sus padres.
Anota tres de esas actitudes:
a) ....
b) ....
c) ....

6. Señala las frases verdaderas y rectifica las falsas:
a) Para los hijos, los padres representan a Dios.
b) Los deberes de los hijos solo duran mientras estos son pequeños y viven en casa de sus padres.
c) Los hijos imitan a Jesús cuando obedecen a sus padres.

7. Completa estas frases. Los principales deberes de los padres son:
a) Alimentar a ....
b) Educarlos en los valores ....
c) Educarlos en la ....
d) Corregirles cuando ....
e) Respetar el derecho de los hijos a ....

DE REFUERZO

1. Lee Gn 1, 26-28 y contesta: ¿Quién dio origen al matrimonio? ¿Cuándo lo hizo? ¿Por qué lo hizo?

2. Completa:
Dios los bendijo y les dijo: *«Sed fecundos y* ....

3. Relaciona las propiedades del matrimonio:

a) Unidad	– Es para siempre
b) Indisolubilidad	– Debe estar abierto a la vida
c) Abierto a la fecundidad	– Un hombre con una mujer

4. Verdadero o falso:
a) Jesús bendijo el matrimonio con su presencia en Belén.
b) El único matrimonio válido entre católicos es el «matrimonio-sacramento».
c) El matrimonio civil es válido para la Iglesia.
d) El católico que contrae matrimonio civil es como si no estuviera casado.

5. ¿A quién corresponde en primer lugar la educación cristiana de los hijos?
a) A la Iglesia.
b) Al Estado.
c) A los colegios católicos.
d) A los padres cristianos.

6. Indica qué deberes tienen los padres hacia sus hijos, además de alimentarlos.

7. ¿Qué es amar, respetar y obedecer a los padres?
– Amarlos es ....
– Respetarlos es ....
– Obedecerles es ....

8. Indica entre estas actitudes cuáles son las propias del cuarto mandamiento:
Gratitud, Obediencia, Fortaleza, Valentía, Respeto, Reciedumbre

PARA SABER MÁS

EL DIVORCIO Y SU PROBLEMÁTICA

Ya hemos visto como la alianza contraída libremente ante Dios por los esposos es indisoluble. Jesucristo ratificó la indisolubilidad del matrimonio cuando dijo: *Lo que Dios ha unido, que no lo separe el hombre* (Mc 10, 9). Y también cuando afirmó: *El que deja a su mujer y se casa con otra comete adulterio* (Mc 10, 11). *Y el que se casa con la divorciada comete adulterio* (Lc 16, 18). A esta propiedad esencial del matrimonio (la indisolubilidad) se opone el **divorcio.** Vamos a referirnos a él bajo diversos aspectos.

¿Qué es el divorcio? ¿Es lo mismo divorcio que separación?

El divorcio es la ruptura del vínculo matrimonial decretada por un tribunal humano.

La Iglesia católica enseña que el «matrimonio-sacramento», cuando se ha contraído en las debidas condiciones, entraña un vínculo permanente ante Dios, que no puede disolver ninguna autoridad humana.

La Iglesia permite la **separación** de los cónyuges cuando hay graves causas para ello, pero sin poder volver a casarse cualquiera de los cónyuges mientras viva el otro.

¿Qué diferencia hay entre divorcio y nulidad del matrimonio?

A veces sucede que un matrimonio es declarado nulo ante un tribunal eclesiástico. Pero esto nada tiene que ver con el divorcio.

La declaración de nulidad de un matrimonio significa que ese matrimonio nunca existió por falta de algún requisito esencial para su validez (por ejemplo, si se prueba que uno de los contrayentes carecía de capacidad para el consentimiento matrimonial).

Mientras el divorcio pretende romper el vínculo entre los ya casados, la declaración de nulidad concluye que no ha existido matrimonio entre esas dos personas.

El divorcio no es una solución

El divorcio hace que se rompan muchos matrimonios con problemas superables, que no deberían haberse roto jamás y causa a la sociedad más daño que beneficio.

El divorcio genera cada vez más divorcio. En EE UU seis de cada siete matrimonios de divorciados vuelven a divorciarse, según un estudio de la prestigiosa revista *Newsweek*.

En varios países occidentales (Francia, Alemania, EE UU) ya hay un divorcio por cada dos matrimonios. Y esta situación está aumentando, como una plaga, cada día más entre las parejas jóvenes.

El divorcio es un gran mal para los hijos

Los hijos son los principales perjudicados por la plaga del divorcio. Ellos tienen derecho a un hogar estable y a unos padres unidos que los eduquen. El divorcio les priva de ese derecho básico.

Según todas las estadísticas conocidas, la mayoría de los delincuentes juveniles proceden de familias rotas.

La solución para la convivencia entre los cónyuges no está en pensar que hay personas sin defectos, sino en amar y ser capaz de convivir con una persona a pesar de sus defectos. Y esto, en gran medida, por amor a los hijos y para evitarles males mayores.

ACTIVIDAD FINAL

Observa las historias evangélicas representadas en las viñetas y procede según se indica:

1. Lee el texto evangélico de la primera tira.
2. Intenta relacionar cada viñeta con los diferentes momentos del relato.
3. Transcribe en tu cuadernos los diálogos correspondientes a cada escena indicando qué personaje es el que habla en cada momento.
4. Escribe el mensaje que nos quiere dar Jesús en el relato.

Repite el mismo procedimiento con la otra tira.

La Sagrada Familia de Nazaret (Lc, 2, 40-52)

La indisolubilidad del matrimonio (Mc 10, 2-12)